Hans Fischer

Das Ritual
Dramaturgie und Ablauf

Fotos und Abbildungen:
Hans Fischer, mit Ausnahme:
Michael Zapf: S. 33, 35, 74, 76-81, 85, 89-96, 103
WikiCommons: S. 18 (Jan Luyken Flavius Josephus), 33 (Hedwig Storch, CC BY-SA 3.0), 39 (Josef Gikatilla,), 111 (Friedrich Eduard Eichens))
DAMCA-Verlag (19, MiaStendal)

Layoutidee: Shumin
Druck: Libri Plureos GmbH, Friedensallee 273,
22763 Hamburg

ISBN: 978-3-910853-09-6

3. Auflage 2025

Die Deutsche Nationalbibliothek verzeichnet diese Publikation in der Deutschen Nationalbibliografie; detaillierte bibliografische Daten sind im Internet über www.dnb.de abrufbar.

Produktinformation: DAMCA Verlag, Dorfstraße 6 d, 22941 Jersbek
Tel.: 04532 / 2687565

3. überarbeitete und ergänzte Auflage

DAMCA Verlag

DAMCA

Weitere Bücher von Dr. Hans Fischer
im DAMCA-Verlag

Schau in Dich
Instruktion für Freimaurerlehrlinge
3. überarbeitete und ergänzte Auflage 2025

Schau um Dich
Instruktion für Freimaurergesellen
3. überarbeitete und ergänzte Auflage 2025

Schau über Dich
Instruktion für Freimaurermeister
3. überarbeitete und ergänzte Auflage 2025

Inhaltsverzeichnis

1. Vorwort

Ein Ritual folgt einem strengen und sinnvollen Aufbau, einer Dramaturgie. Worte, Handlungen, Symbole und Bilder bestimmen – alle mit tiefem Sinn – eine genaue Ordnung des Ablaufs.

Ein Ritual ist zeitlos. Es spielt das kosmische Geschehen nach. Das kann man aber verstandesmäßig nicht begreifen, daher bedient sich die Freimaurerei im Ritual der „in Bewegung gesetzten Symbole", wie es Thorwald Detlefsen nannte. Letztlich soll ein Ritual das Gemüt berühren und den Verstand anregen, damit es zu wertorientiertem Handeln führt. Das Ritual ist ein Abbild des Kosmos.

Ein Ritual, an dem ein Mensch regelmäßig aktiv teilnimmt, um eine immer gleich ablaufende Handlung auf sich einwirken zu lassen, ermöglicht, die Hektik des Alltags abzustreifen, Ruhe zu finden, sich innerlich zu sammeln und den Weg zu sich selbst zu finden. Ein Weg nach innen zur Selbsterkenntnis.

Um diese Spiritualität als Freimaurer (≙ Mikrokosmos) im Universum (≙ Makrokosmos) zu erleben, braucht es im Ritual eine nachhaltig bewährte Dramaturgie auf der Basis einer besonderen multimedialen Kombination von Sprache, Bewegung, Handlung, Licht und Musik. Eine solche existiert seit den Anfängen der 300-jährigen Geschichte der spekulativen Freimaurerei.

Die Vielgestaltigkeit an Ritualen in den verschiedenen Riten ist zahllos, der man nicht mit einer Instruktion gerecht werden kann. Im Kern und in der Aussage jedoch sind die verschiedenen Ritualvarianten annähernd gleich geblieben, in der Ausprägung dagegen unterscheiden sie sich. Die geringen Unterschiede und die im Laufe der Zeit gemachten Anpassungen – nicht immer zum Vorteil – sind im Grundgehalt aber unwesentlich, wenngleich sie in der optischen Gestaltung des Logenaufbaus und in den Ritualen selbst gut wahrnehmbar sind.

Umso mehr sollen der Sinn der Rituale verstanden und die Handlungen korrekt ausgeführt werden. Dies erst ermöglicht es den Brüdern, in den Ritualen die erhoffte Spiritualität erleben zu können. Das ist der Anlass für die vorliegende „Dramaturgie des Freimaurer-Rituals", die hoffentlich den erwarteten Zweck erfüllt. Dies ist jedoch nur möglich mit einer permanenten Sensibilisierung der Ritualbeamten für hohe Qualität in der Durchführung von Ritualen und im Ermöglichen von tiefgründigen Erkenntnissen.

Die maurerische Erfahrung zeigt und macht es bewusst, dass in den unzähligen Logen und Riten einzelne Handlungen oder die Reihenfolge von Handlungen unterschiedlich ausgeführt werden. Das soll nach wie vor möglich sein, das ist gelebte Toleranz. Die Freimaurerei darf nicht dogmatisch sein, die Kernbotschaft jedoch muss gewahrt bleiben.

Br. Hans Fischer

2. Lehrart, Wurzeln und Methodik der Freimaurerei

Die Freimaurerei ist bekanntlich keine exakte Wissenschaft – sonst wäre sie dogmatisch –, sie wird aber wissenschaftlich bearbeitet. Zur Lehrart oder dem freimaurerischen Lehrgebäude gehören die „Alten Pflichten", die Statuten und Verfassungen der gerechten und vollkommenen (Groß)Logen, sowie z.B. Instruktionsbücher der Brr. W. Scherpe, G. Imhof, A. Lehner, F.C. Endres oder aus meiner Feder, wissenschaftlichen Publikationen von J. Snoek und H.-H. Höhmann sowie Publikationen der Forschungsgruppe ALPINA (FGA) und der Forschungsloge Quatuor Coronati (QC), usw. (siehe Kap. 11, Verwendete Quellen). Der Begriff Lehrart ist jedoch nicht im Sinne von Lehrsätzen oder gar Dogmen zu verstehen.

2.1 Wurzeln der Freimaurerei

Br. Jan Snoek nennt in seiner sachkundigen und wissenschaftlichen „Einführung in die Westliche Esoterik, für Freimaurer" (2011) die drei Wurzeln der Freimaurerei: die christliche Tradition zum Beispiel das Symbol der Bibel („Buch des heiligen Gesetzes"), die Verwendung von Initiationsritualen, das Handwerk der Steinmetzen mit der Bausymbolik sowie die (westliche) Esoterik (Rosenkreuzer, Alchemie). Somit sind freimaurerische Rituale eklektische bzw. synkretistische Rituale.

2.2 Methodik der Freimaurerei

Im gleichen Werk sagt Br. Snoek, dass die Freimaurerei in erster Linie eine Methode sei, die bei den Kandidaten eine bestimmte Erfahrung erzeugen soll. Dabei handele es sich um eine Kombination von zwei Methoden im engerem Sinn und drei Symboliken: der initiatischen und allusiven (anspielenden) Methode sowie der Bau-, Licht- und Mittelpunktsymbolik.

Die initiatische Methode verwendet Rituale, welche Merkmale einer Initiation aufweisen. Diese Rituale wiederum bestehen aus den drei Phasen Separation (Wegnehmen des existierenden Status), Übergang (ohne Status) und Integration (Empfangen eines neuen Status). Beispielsweise kennt die christliche Kultur das Ritual der Taufe oder der Priesterweihe.

Die allusive Methode verwendet Texte statt Bilder oder Symbole. In einem Ritual werden Texte verwendet, die zum Teil aus mehreren Quellen stammen, die miteinander verknüpft werden. Viele stammen aus der Bibel.

Für Freimaurer ist der Tempel Salomo das zentrale Symbol (Bausymbolik), dessen Bau im Alten Testament (1. Könige 5-9 und 2. Chronik 2-7) beschrieben wird. Dieser symbolische Tempel der Menschlichkeit gilt in der Freimaurerei als noch unvollendet. Jeder Bruder versteht sich als lebendigen Baustein und ist somit aufgefordert, an der Vollendung mitzuarbeiten. Zudem werden die Werkzeuge der Steinmetze symbolisch interpretiert: Zirkel, Winkelmaß, Hammer, Setzwaage, Senkblei, Spitzhammer, Kelle, 24-zölliger Maßstab, Meißel, Lineal, usw.

Salomos Tempel (Stich von Jan Luyken Flavius Josephus, 1698)

Die Lichtsymbolik bedient sich insbesondere der Quelle des Lichtes aus dem Osten. Wohlwissend, dass sich die Erde um die Sonne dreht, spricht man in der Freimaurerei vom Sonnenlauf, das heißt dass sich das Licht im Tempel vom Orient (= Osten) ausgehend über Süden, Westen und Norden wieder nach Osten bewegt.

Vielfach wird unterstellt, dass Gott die Quelle des Lichtes sei und dass auch er sich im Osten befinde. Ursprünglich meinte man mit dem Meister der Loge „Gott". Später ging man davon aus, dass sich im Osten nebst der Sonne und dem Mond der Meister der Loge (= Stuhlmeister) befindet und nicht der Allmächtige Baumeister aller Welten (= A.B.a.W.). Trotzdem bleibt der Osten Quelle sowohl des natürlichen als auch des transzendenten Lichtes.

Das Licht breitet sich aber vom Osten nach Westen aus, die Lehrlinge und Gesellen reisen vom Westen nach Osten, um das Licht zu suchen, während die Meister von Osten nach Westen reisen, um das Licht in die Welt zu verbreiten.

Die Mittelpunktsymbolik sieht das Zentrum im Ort, wo Gott (= A.B.a.W.) „wohnt", und das ist das Zentrum des Tempels wo der Tapis/Arbeitsteppich (= Arbeitstafel) aufliegt mit seinen Werkzeugen, Symbolen und Kleinodien und das ist nicht im Osten (siehe 5.2). Dieser Ort ist das Abbild des Kosmos (Br. Alfried Lehner, 1993), das durch die Weltachse (= Axis mundi) den Bezugspunkt des Kosmos mit der Erde, dem Tempel herstellt. Um diesen Mittelpunkt bzw. die Weltachse - in der mittleren Kammer

- herum bewegen sich alle Brüder rechtwinklig im Sonnenlauf, dadurch wird der Raum „geheiligt“. Dem aktuellen Forschungsstand nach ist diese Ansicht weitgehend akzeptiert.

Axis Mundi
gestión cultural

Br. Snoek: *„Jede dieser fünf Komponenten der freimaurerischen Methode findet sich auch außerhalb der Freimaurerei. Wenn man sie aber alle fünf zusammen findet, kann man ziemlich sicher sein, dass man es hier entweder mit Freimaurerei zu tun hat oder mit etwas, das davon abgeleitet worden ist.“*

3. Tempelarbeit als symbolischer Schöpfungsakt

Jede Tempelarbeit, jedes Ritual stellt einen sich ständig wiederholenden Schöpfungsakt dar. Das wird nur möglich mit einer klaren Dramaturgie und einer korrekten Durchführung der Rituale.

3.1 Ewiges Motto „Stirb und Werde"

In jeder Tempelarbeit wird durch die Dramaturgie des Öffnens, des Höhepunktes der Arbeit und des Schließens der Loge das Motto „Stirb und Werde" durchlebt. Im Osten beginnt durch das Zusammenfügen von Winkelmaß und Zirkel des MvSt. die Weltenschöpfung („Es werde Licht!") und im Westen werden die Symbole der fertigen Welt, das Senkblei (≙ Senkrechte, 2. Vorsteher/Aufseher) und die Setzwaage (≙ Waagrechte, 1. Vorsteher/Aufseher) bewahrt. Zwischen diesem Erschaffen und Bewahren vollzieht sich die freimaurerische Tempelarbeit.

3.2 Der Meister vom Stuhl als Lichtbringer

Licht ist das zentrale Symbol in der Freimaurerei. Symbole machen zwar nicht begreifbar, aber erlebbar. Mit dem Anzünden des Lichtes wird der dunkle Raum der Loge erhellt und es entsteht eine neue Welt. Diese Welt muss immer wieder neu geschaffen werden. Am Ende der Tempelarbeit geht sie mit dem Verlöschen des letzten Lichtes immer wieder unter.

Es ist der Meister vom Stuhl, der das erste Licht entzündet, von ihm geht alles aus. Der Meister vom Stuhl erleuchtet die Loge schrittweise im Sonnenlauf von Osten nach Westen und belebt sie zu einer eigenen, abgeschlossenen Welt in einem immer neuen Schöpfungsakt.

So ist der MvSt. ein legitimer Nachfolger aller Lichtbringer wie beispielsweise des Tubalkain oder des Prometheus. Er ist der Meister mit dem Symbol des „Ewig Schaffenden", dem Hammer als dem Zeichen seiner Macht und seiner Würde, der die Ordnung einer neuen Welt entstehen lässt. Der Hammer fordert

Gehorsam, Stille und Aufmerksamkeit. Mit ihm wird Ordnung erhalten und wieder hergestellt.

3.3 Die Loge als Bezugspunkt zum Universum

Die Loge ist das Abbild des Universums oder des Kosmos. Die Arbeit soll zum hellsten Lichte führen. Der MvSt. hat für die Tempelarbeit einen festen Punkt für die Weltachse (= Axis mundi) oder Himmelsachse auf der Erde zu suchen und zu bestimmen.

Dieser ruhende Punkt ist der Bezugspunkt zum Universum, da findet zu einer bestimmten Zeit die Tempelarbeit statt. Dieser Ort kann grundsätzlich überall sein, sofern er gedeckt ist.

Das Weltall ist der wahre Tempel. Die große Welt (≙ Makrokosmos) verhält sich zu der kleinen Welt (≙ Mikrokosmos) wie der A.B.a.W. zur menschlichen Seele.

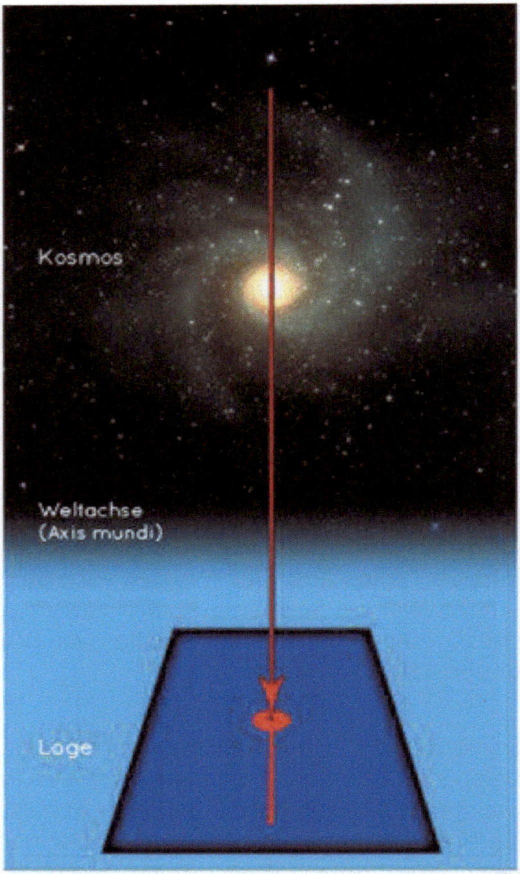

Loge bzw. Tempel als Bezugspunkt zum Universum

3.4 Die Schöpfung beginnt

Der Meister vom Stuhl betritt allein und als erster Bruder den für die Tempelarbeit bestimmten Raum („Schaffen der Ordnung").

Er begibt sich an den Westrand der Arbeitstafel (oder des dafür vorgesehenen Platzes).

Dort verneigt er sich vor der „Mitte", d.h. vor dem Punkt, der aus der Senkrechten (= Senkblei), der Weltachse (= Axis mundi) und der Waagrechten, der Logenachse, der Verbindung zwischen dem MvSt. und dem Zeremonienmeister, gebildet wird.

Der Schnittpunkt dieser beiden Geraden wird der Mittelpunkt der neuen „Kosmologie" sein, um die herum die Sonne durch alle zwölf Tierkreise wandert.

In der Mitte des Tempels befindet sich im 1. Grad und 2. Grad auch der Tapis/Arbeitsteppich (Arbeitstafel). Kosmos bedeutet Gesetz, Ordnung, Glanz, Regelmäßigkeit.

Der MvSt. umschreitet nun die Mitte des länglichen Vierecks (≙ Tetragramm, Vierfachzeichen, JHWH, יהוה) rechtwinklig (≙ Viereck, Winkelmaß) im Sonnenlauf (≙ Kreis, Zirkel), um zu seinem Platz im Osten zu gelangen.

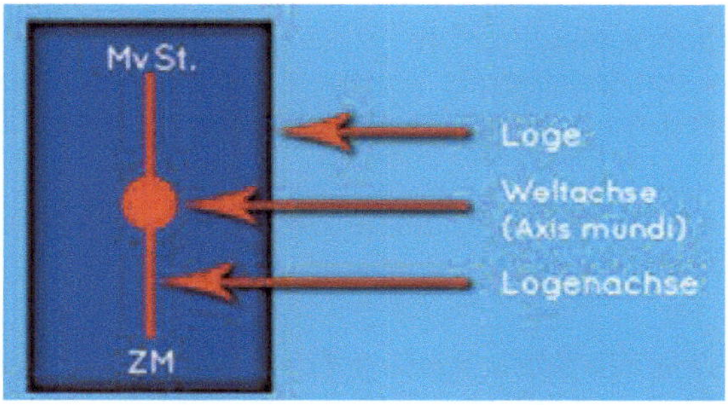

Die Weltachse steht senkrecht auf der Logenachse MvSt. --- ZM

Er schafft damit einen ersten und entscheidenden Bezug zu einer Ordnung und „heiligt" den Raum (siehe 3.6) durch die Umschreitung der Mitte (= Weltachse) wie später die Brüder. Das ist der richtige Ort, den die Lichter der ritualführenden Brüder, das Dreieck, das Quadrat, das Pentagramm und das Hexagramm um den Mittelpunkt, die Weltachse, gebildet haben.

Als ersten Br. ruft der MvSt. mit einem kräftigen Hammerschlag den Zeremonienmeister mit seinem Stab herbei.

Br. Snoek zeigt in seinem Werk (siehe J. Snoek, 2011, S. 254) Einflüsse auf die Freimaurerei, u.a. „die Regel, dass in der Loge immer ‚mit der Sonne', also rechtsherum gelaufen wird" (siehe 5.5, „Rechtwinklig im Sonnenlauf").

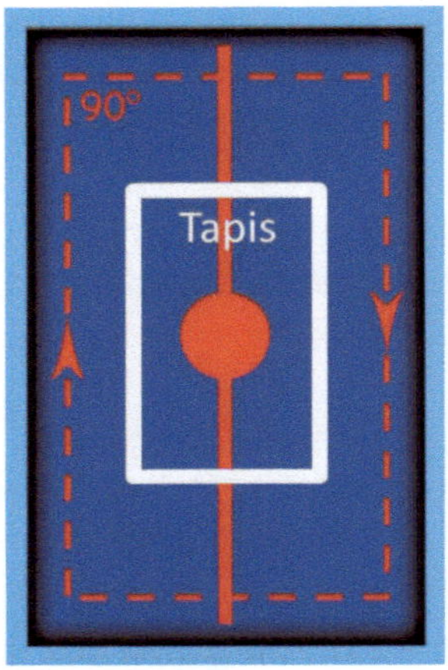

Der MvSt. umschreitet die Mitte (= Weltachse) des Tempels rechtwinklig im Sonnenlauf.

Das Licht ist das höchste und das bedeutendste Symbol in der FM, und vom MvSt. geht alles aus. Da Dunkelheit herrscht, zündet er die mittlere der drei Kerzen (= Urlicht) am dreiarmigen Leuchter, bzw. die drei Lichter auf dem Altar an: Im Osten ist das Licht geschaffen, die Voraussetzung für das Leben.

Noch ist es das Urlicht, nicht die Sonne. Später erleuchtet er mit den Vorstehern/Aufsehern die Loge im Sonnenlauf. Die Morgensonne als verinnerlichende Weisheit, die Mittagsonne als strahlende Stärke und die Abendsonne als überirdischer Glanz (Schönheit).

Br. Wolfgang Scherpe beschreibt den Schöpfungsmythos wie folgt:

„Mit den drei Lichtern auf dem Tisch des Meisters beginnt die Schöpfung und mit dem Entflammen der drei kleinen Lichter um den Teppich ist die irdische Schöpfung beendet."

3.5 Eintritt der Beamten

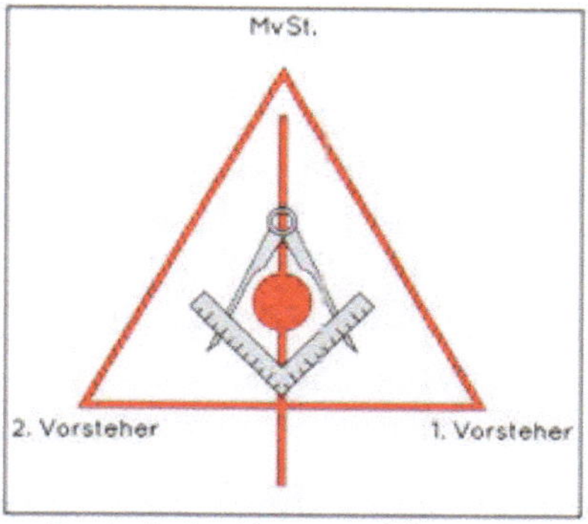

Dreieck der Hammerführenden

Auf Geheiß des MvSt. führt der Zeremonienmeister die Brüder Beamten, ohne die die „Weltenschöpfung“ nicht möglich wäre, in den Tempel. Die Beamten umschreiten die Mitte des Tempels rechtwinklig im Sonnenlauf und begeben sich an ihre Plätze. Wenn die beiden Vorsteher/Aufseher ihre Plätze eingenommen haben, entsteht ein mit der Spitze nach Osten gerichtetes Dreieck. Es ist ein geistiges bzw. mystisches Dreieck.

Werden das geistige und das materielle Dreieck der wesentlichen Beamten einer Loge übereinandergelegt, bilden sie fiktiv ein Sechseck, das Hexagramm, das Symbol der höchsten Vollkommenheit auf Erden: Das geistige Dreieck mit der Spitze nach Osten und das materielle Dreieck mit der Spitze nach Westen.

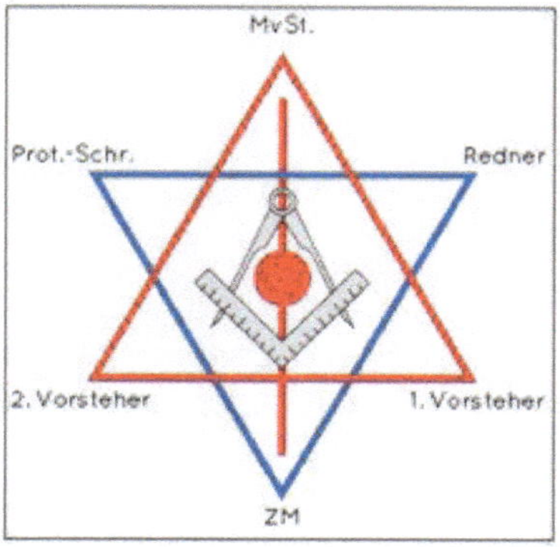

Dreieck der Beamten

Im Zentrum des Tempels liegen im 1. Grad Winkelmaß und Zirkel auf dem Tapis/Arbeitsteppich/Arbeitsteppich und bilden symbolisch ein Hexagramm.

3.6 Eintritt der Brüder

Alle Brüder werden durch den Zeremonienmeister eingeladen, sich am darauffolgenden Prozeß des Schöpfungsvorgangs zu beteiligen.

An der Tempelpforte im Westen wird dem Türhüter das Passwort unaufgefordert gegeben, um symbolisch die maurerischen Schritte („Reinigung durch das Wasser") im Zeichen des entsprechenden Grades ausführen zu können. Anschließend begeben sich die Brüder ohne Zeichen und rechtwinklig im Sonnenlauf an ihre Plätze. Durch das rechtwinklige Umschreiten des Tapis/ Arbeitsteppich durch die Brüder wird der rituelle Raum abgegrenzt. Erst dieses Umschreiten der Brüder macht den Raum zur „Heiligen Stätte".

Der Begriff „heilig":

In dieser Instruktion – wie auch in anderen freimaurerischen Texten oder Ritualen – kommt der Begriff „heilig" öfter vor. Insbesondere, wenn von einem „heiligen" Ort oder Raum und einer „heiligen" Zeit gesprochen wird. „Heilig" verstehen wir mit Br. Wolfgang Scherpe nicht im religiösen Sinn.

„Heilig" im Sinne von heilen (= wieder ganz machen) bedeutet u.a. göttlich vollkommen. In dieser Instruktion ist „heilig" immer als ritueller oder kultischer Raum und als rituelle oder kultische Zeit zu verstehen.

3.7 Erleuchten der Loge („Morgen")

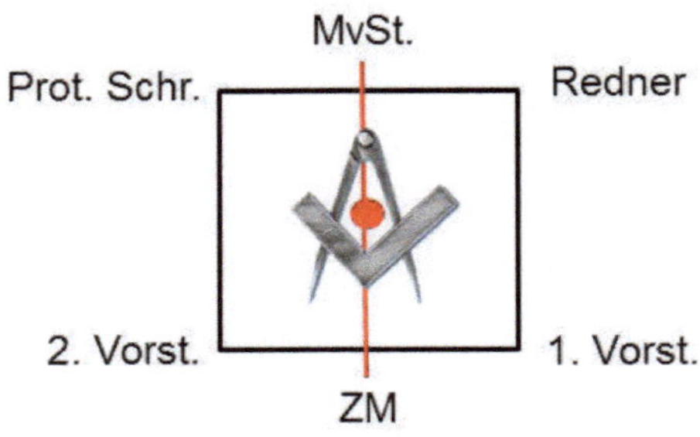

Viereck der Lichtträger (Prot. Schr. = protkollierender Schreieber (Sekretär), Vorst . = Aufseher

Nach dem Anzünden der rechten und linken Kerze am dreiarmigen Leuchter auf dem Altar empfangen zuerst die beiden Vorsteher/Aufseher, der Redner und der Sekretär (der Protokollierende Schreiber) ihre Lichter vom MvSt. In Deutschland hat der MvSt. vor Eintritt der Beamten die drei Lichter auf dem

Meistertisch bereits entzündet.

Die Beamten stellen sich zur Lichtübergabe an der ihr nächsten Ecke des Tapis/Arbeitsteppich auf. Sie bilden mit diesen vier Lichtern ein Viereck um die Mitte des Tempels.

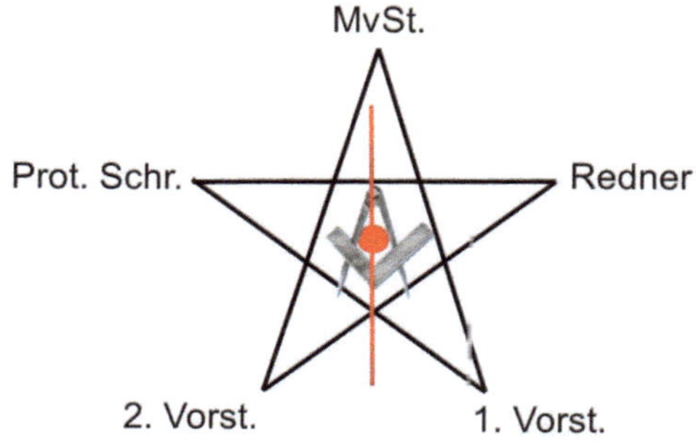

Pentagramm der Lichtträger (Prot. Schr. = protkollierender Schreiber (Sekretär), Vorst . = Aufseher

Alle Lichtträger zusammen bilden bei der Installation des heiligen Raumes ein Fünfeck, ein Pentagramm, wobei die drei Kerzen auf dem Altar des MvSt. als Einheit gesehen werden müssen.

In Deutschland ist diese Form der Lichtübergabe rituell nicht geregelt. Damit kann sie aber auch so durchgeführt werden. Die Entscheidung hierüber liegt beim MvSt.

3.8 Positionieren der drei kleinen Lichter mit der Zwölfknotenschnur

Wenn die Brüder erkennen, dass das Licht täglich aus der gleichen Richtung kommt, werden mit den drei kleinen Lichtern die Himmelsrichtungen bestimmt.

Dies geschieht mit der Zwölfknotenschnur.

Ein Dreieck mit den Seitenlängen 3 : 4 : 5 (= Σ 12) enthält immer einen rechten Winkel (= 90°), da die drei Punkte auf dem (geometrischen) Thaleskreis liegen mit dem Durchmesser 5. Somit ist im rechten Winkel ebenfalls das Prinzip der Weltordnung enthalten: die Zwölf.

Das „Himmlische Jerusalem“ der Offenbarung des Johannes ist viereckig. In der Symbolforschung werden Kreis und Quadrat häufig auf dieselben Ursprünge, die Sonnenbahn, zurückgeführt.

Die Symbolik jenes aus der Zwölfknotenschnur gebildeten Dreiecks ist noch vielfältiger: So enthält es beispielsweise die göttliche oder Sonnenzahl Drei, die irdische Mondzahl Vier und die Fünf, welche dem dritthellsten Gestirn, der Venus zugeordnet wird.

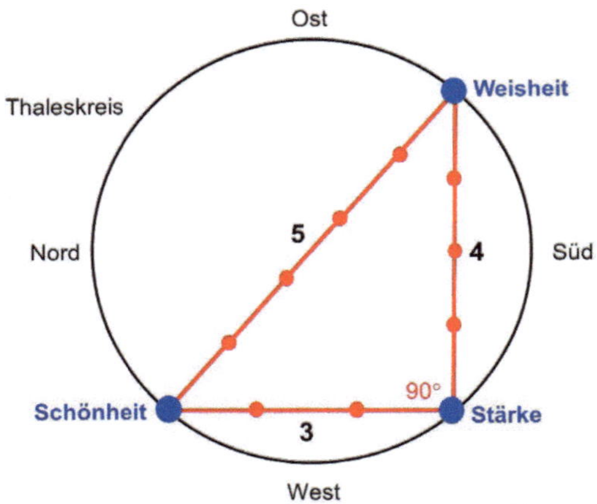

Bestimmen der Himmelsrichtungen mit den drei kleinen Lichtern

3.9 Anzünden der drei kleinen Lichter („Mittag“)

Nach dem Erkennen, dass das Licht täglich aus der gleichen Richtung kommt, werden die drei kleinen Lichter angezündet.

Diese Erkenntnis ist die tiefste esoterische Bedeutung des Anzündens der drei kleinen Lichter. Aus dem Osten wird das Licht zur Säule der Weisheit getragen und wandert im Sonnenlauf zu den Säulen der Stärke und der Schönheit im Westen des Tempels, den es hell erleuchtet.

Dazu stellen sich die drei Hammerführenden vor die Säulen der drei kleinen Lichter.

Der Meister vom Stuhl erleuchtet die erste Säule:
MvSt.: „Weisheit leite den Bau!“

Der erste Vorsteher/Aufseher entzündet die zweite Säule:
1. Vorsteher/Aufseher: „Stärke führe ihn aus!“

Der **2. Vorsteher/Aufseher** entzündet die dritte Säule:
„Und Schönheit schmücke ihn“
(bzw. bei A.F.u.A.M.: „Schönheit vollende ihn!“

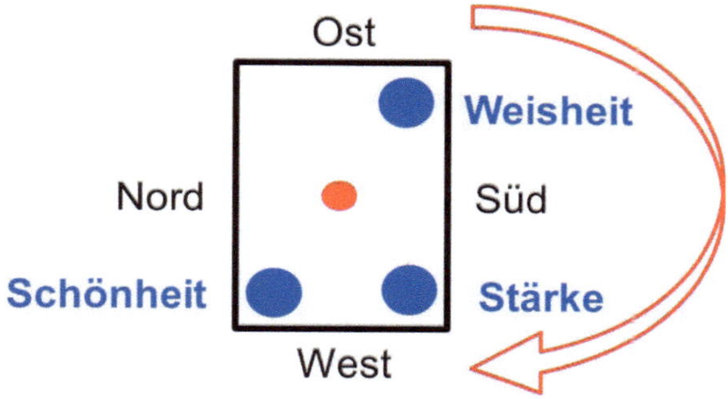

Das Licht der drei kleinen Lichter wandert von Osten nach Westen

3.10 Exkurs: Kreis, Dreieck, Viereck, Pentagramm, Hexagramm

Die beschriebenen geometrischen Figuren finden sich seit der Jungsteinzeit in Höhlen, Kultstätten und Gräbern.

Das aufsteigende Dreieck ergibt sich aus den Positionen der Sonne auf dem später so genannten Tierkreis zu den Tagundnachtgleichen und zur Sommersonnenwende.

Das Quadrat zeichnet der Mond in seinen vier Phasen auf dem Tierkreis. Die jeweils gleiche Konstellation zwischen Erde und Venus, auf dem Tierkreis fixiert, ergibt ein Pentagramm, und mit Merkur trifft sich das Tagesgestirn je dreimal im Jahr zur oberen und zur unteren Konjunktion, woraus ein Hexagramm entsteht.

Exakt diese Figuren dienten seit frühesten Zeiten in der Architektur der Kultbauten als Konstruktionsgrundlagen. Die Begegnungsstätte zwischen Göttern und Menschen musste den Göttern entsprechen.

Von den Pyramiden Ägyptens über die Tempel des Fernen Ostens und des klassischen Griechenlands bis zu den gotischen Kathedralen des Mittelalters bestimmten Kreis, Dreieck, Viereck, Pentagramm und Hexagramm die Proportionen.

Der angewandte Goldene Schnitt wurde mit Hilfe des Pentagramms gewonnen. Hier liegt der Ursprung des esoterischen Brauchtums der Freimaurer als geistige Nachfolger der Erbauer der mittelalterlichen Dombauhütten.

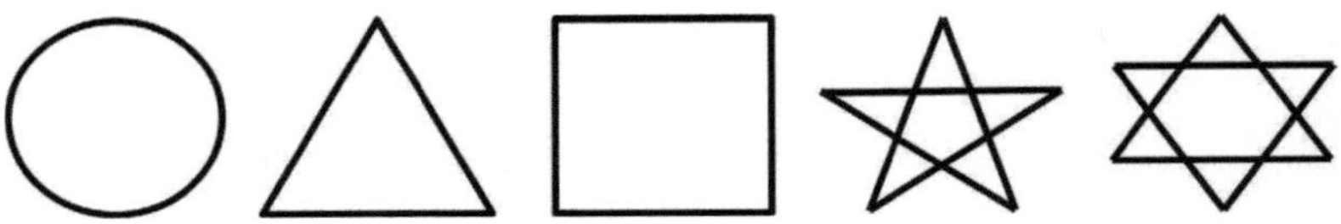

Die geometrischen Figuren der Freimaurerei

3.11 Installieren des heiligen Raumes

Es ist eine Ursehnsucht des Menschen, in Harmonie mit den höheren Mächten zu leben, nach Vereinigung mit dem Göttlichen, also nach geistiger Vervollkommnung zu streben.

Das geschieht im freimaurerischen Ritual mittels der drei großen Lichter: Bibel, Winkelmaß und Zirkel, wobei die Bibel als Symbol und nicht als Offenbarung des göttlichen Wortes ausgelegt wird. Die drei großen Lichter, Bibel, Winkelmaß und Zirkel liegen auf dem erhöhten Altar im Tempel.

Sie drücken durch ihre Erhöhung gegenüber den drei kleinen Lichtern aus, dass ihr Inhalt höherer Art, nämlich göttlichen Wesens ist: Weiser Geist, Strenge des Gesetzes und die Liebe.

Der **MvSt**. zeigt den Brr. auf den Kolonnen die Bibel, öffnet sie im Johannes-Evangelium mit den Worten:
„**Glaube, Hoffnung und Liebe sollen unsere Leitsterne sein; doch die Liebe ist der größte unter ihnen**." (1. Kor.,13,13)

Der **MvSt**. nimmt dann das Winkelmaß, zeigt es den Brr. auf den Kolonnen mit den Worten: „**Recht und Gerechtigkeit sollen unter uns herrschen**."

Anschließend zeigt der **MvSt.** den Zirkel mit den Worten: „**Unsere Liebe sei allumfassend und immerdar**."

Anmerkung: Die hier beschriebene Form der rituellen Öffnung wird in anderen Lehrarten anders durchgeführt. So wird in ***A.F.u.A.M.*** *kein Zitat aus der Bibel gegeben. Beim Auflegen des Schwertes auf die Satzung der Großloge und der Loge spricht der* ***MvSt****. das Goethe-Zitat: „****Das Gesetz nur kann uns Freiheit geben.****"*

Die Pyramiden von Gizeh

Im Rahmen dieser Instruktion ist es nicht möglich, alle Varianten detailliert aufzuführen. Worum es geht, ist die Vermittlung eines Grundgefühls für die Aussagen der jeweiligen Ritualpassagen.

Br. Franz Carl Endres hat diese Ursehnsucht

sehr anschaulich anhand der ägyptischen Pyramiden beschrieben: *„Die steinerne Symbolisierung der heiligen Drei ragt seit Jahrtausenden aus dem Wüstensande Ägyptens in den Himmel hinauf. Es sind die Pyramiden. Sie ruhen auf der Vier, [einem Viereck □], also im Irdischen, ihr Anblick aber ist von überall her das Dreieck [Δ], die Drei. Sie sind als Wegweiser ins Transzendente gedacht."*

3.12 Schaffen der Vollkommenheit („Hochmittag")

Danach fügt der MvSt. Zirkel (oben) und Winkelmaß (unten) hochhaltend und für alle Brr. sichtbar, zusammen und legt sie im entsprechenden Grad (z.B. im 1. Grad: Zirkel unter Winkelmaß) auf die Bibel.

Damit hebt er symbolisch die Unvollkommenheit für die Dauer der Tempelarbeit auf und schafft dadurch die Vollkommenheit: Zirkel und Winkelmaß sind in ihrer Vereinigung Symbol des vollkommenen Sonnenlaufs, der ganzen Welt. Im Unterschied zu allem Irdischen bedeutet „heilig" göttlich vollkommen.

In der heiligen Zeit „tritt man aus der profanen Zeit heraus" und wird zurückversetzt in die mystische Zeit der Weltenschöpfung. Diese Zeit hat weder Vergangenheit, Gegenwart noch Zukunft, man befindet sich in der Ewigkeit.

Der Mystiker geht somit bis zum Chaos der Erschaffung zurück und wird dadurch Zeitgenosse der Schöpfung.

Auf einer Grabplatte sind der Urkaiser Fu-hi mit dem Winkelmass und seine Schwester (oder Frau) Nü-kua mit dem Zirkel abgebildet

Das bekannteste Symbolpaar der Freimaurerei stammt bereits aus der Zeit der Han-Dynastien (206 v. Chr. – 220 n. Chr.). Auf einer Grabplatte sind der mythische Urkaiser Fu-hi mit dem Winkelmaß und seine Schwester (oder Frau) Nü-kua mit dem Zirkel abgebildet.

Hans Nevermann (1977) schreibt dazu:

„Die beiden galten als Wiederhersteller der alten guten Ordnung der Welt, und das vollbrachten sie mit Winkelmaß und Zirkel. ... Nach chinesischer Auffassung ist die Erde quadratisch – daher das Winkelmaß des Fu-hi und der Himmel rund – daher der Zirkel der Nü-kua. ... Es heißt, dass sie Himmel und Erde wieder in Ordnung brachten."

Das mit dem Zirkel zusammengefügte Winkelmaß (≙ Hexagramm) – das wohl bekannteste Symbolpaar der Freimaurerei – bedeutet symbolisch die Vollkommenheit.

Durch das feierliche Zusammenfügen von Zirkel (≙ Kreis) und Winkelmaß (≙ Viereck), jenen uralten Symbolen des Weltenbaus, ermöglicht die freimaurerische Tempelarbeit eine zeitlich befristete Vollkommenheit.

So bedeutet die Herstellung der Ordnung der drei großen Lichter die Vollendung der Schöpfung in uns, die Evolution zum Geistigen. Und in diesem Zustand ist die Trennung zwischen Geist und Materie, zwischen oben und unten und zwischen Himmel und Erde aufgehoben.

Das Winkelmaß steht in der Bauhüttensymbolik für die Arbeit des Steinmetzen, also das irdische Handeln des Menschen, der Zirkel weist auf den Plan des Baumeisters hin. Im übertragenen Sinn heißt das, auf den göttlichen Schöpfungsplan.

Das ist der tiefere Sinn des Zusammenfügens von Winkelmaß und Zirkel: Erst wenn die Durchführung (≙ Winkelmaß) den höheren Gesetzmäßigkeiten (≙ Zirkel) entspricht, kann das Große Werk (Opus magnum) gelingen.

Oben und Unten, Innen und Außen werden eins, wie es die geheimnisvolle Tabula smaragdina des Hermes Trismegistos sagt.

Konsequenz: Ein nach der maurerischen Lehrart und dramaturgisch korrekt durchgeführtes Ritual ermöglicht den Brüdern, kurzfristig das „Einswerden" (unio mystica) mit der geistigen Welt zu erfahren (siehe 5.5). Wenn dies geschieht, vermag diese Energie nach außen in der profanen Welt etwas zu bewirken.

Nutzen wir diese Chance!

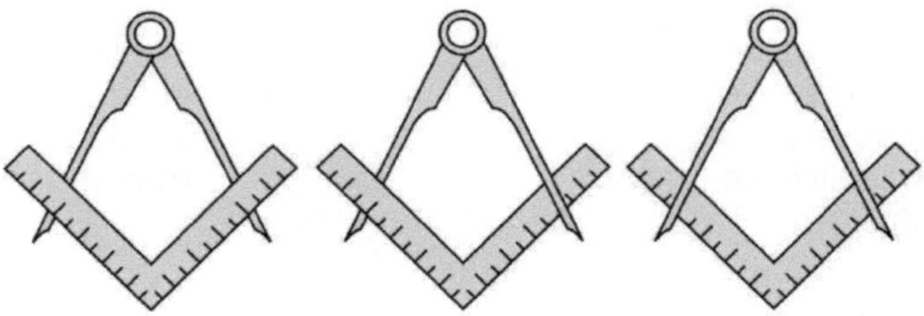

Lehrling	**Geselle**	**Meister**
Die Materie beherrscht den Geist vollkommen	Der Geist beginnt die Materie zu beherrschen	der Geist beherrscht die Materie vollkommen

So liegen Winkelmaß und Zirkel in den drei Graden auf der Bibel.

3.13 Bedeutung der Symbole im Ritual

Rituale wie beispielsweise Werklehren bestehen zu einem großen Teil aus Symbolen. Symbole legen ja nicht fest, sie überlassen dem einzelnen Freimaurer eigene Interpretationen und Bedeutungen.

Dass aber nicht bereits die Symbole die Wirklichkeit schaffen, sondern dass dies ausschließlich den Menschen vorbehalten ist, beschreibt der Philologe und Religionsethnologe Walter Burkert sehr prägnant:

„Man beachte das bezeichnende Paradox, dass Symbole Realität zu schaffen scheinen ... (doch) es sind ja nicht die Symbole, die Wirklichkeit schaffen, es sind die lebenden Menschen in ihren Interaktionen, die Symbole gebrauchen, Zeichen geben und auf sie reagieren und bei alledem an ihrer eigenen Realität arbeiten ..."

4. Lebensbaum der Kabbala als Bauplan für den Freimaurertempel

Der Mann in der Abbildung hält einen „Baum“, den Lebensbaum der Kabbala (hebr.: Ez Chajim) mit den zehn Sephirot.

Dies ist eine Abbildung aus dem Buch Portae Lucis (‚Die Pforten des Lichts‘) (lateinische Übersetzung des Werkes Scha’arej ora von Josef ben Abraham Gikatilla [1248–1305] durch Paul Riccius, Augsburg, 1516).

4.1 Lebensbaum der Kabbala (Ez Chajim)

Was ist Kabbala?

Kabbala (= Überlieferung) ist eine mystische Tradition des Judentums. Es geht um die Suche des Menschen nach der Erfahrung einer Beziehung zu Gott.

Die Kabbala unterliegt keiner Dogmatik, es gibt daher auch keine allgemeingültige Lehre. Kabbala ist ein philosophisches System, das auf der hebräischen Sprache beruht. Der Kabbala-Experte Papus (1900) sagt: „Hebräische Wörter kombinieren heißt auf das Universum selbst einwirken“. Zwei der grundlegenden Texte der Kabbala sind Sefer Jezirah (= Buch der Ausgestaltung) und Zohar (= Buch des Lichtes).

Der Lebensbaum der Kabbala stellt gemäß Sefer Jezirah die 32 Pfade der Weisheit dar, die sich zusammensetzen aus den zehn

Sephirot und den 22 hebräischen Buchstaben, die den 22 Pfaden entsprechen, welche die zehn Sephirot miteinander verbinden.

Dieses System von 22 Buchstaben entspricht der göttlichen Trinität, den sieben Planeten und den zwölf Zeichen des Tierkreises: 3 + 7 + 12 = 22.

Sefer Jezirah 1,2: *„Zehn Zahlen aus dem Nichts und zweiundzwanzig Buchstaben, die Fundamente allen Seins: drei Mütter, sieben Doppelte und zwölf Einfache."*

Gruppe	Buchstaben (total 22)	Symbol
3 Mütter	Aleph - א Mem - מ Shin - ש	Luft (Seele), fühlen Wasser (Leib), wollen Feuer (Geist), denken
7 Doppelte	Beth - ב Gimel - ג Daleth - ד Kaph - כ Peh - נ Resch - פ Thaw - ת	7 Planeten 7 Wochentage 7 Pforten der Sinne am menschlichen Haupt: zwei Augen, zwei Ohren, zwei Nasenlöcher, Mund
12 Einfache	Heh - ה Waw - ו Sajin - ז Cheth - ח Tet - ט Jod - י Lamed - ל Nun - ן Samech - ס Ajin - ע Zade - צ Qoph - ק	12 Sternbilder 12 Monate 12 Organe des menschlichen Körpers

Die zehn Sephirot stellen Sinnbilder der dialogischen Struktur der Welt dar: vorher – nachher, Gutes – Böses, Männliches –

Weibliches, Hohes – Niedriges, die vier Himmelsrichtungen Osten, Westen, Norden, Süden.

Von den drei Säulen der Manifestation wird der rechten Säule der Gnade (≙ Jod) das Shin zugeordnet, der linken Säule der Strenge (≙ Beth) das Mem und der mittleren Säule der Milde das Aleph (siehe 4.2 Erkenntnis bzw. Erklärung).

Bezieht man den Lebensbaum auf den irdischen Menschen, so entspricht die rechte Seite der rechten Körperhälfte, die linke Seite der linken Körperhälfte. Es ist also ein Bild des Menschen von hinten, aus der Eigenperspektive. In freimaurerischen Darstellungen wird der Mensch meistens von vorne betrachtet, daher erscheinen dann die linke (J.·.) und die rechte (B.·.) Seite vertauscht (siehe 4.2, Abbildung Freimaurertempel).

Die ersten neun Sephirot teilen sich in drei Teile, von denen jede zwei entgegengesetzte Prinzipien und in der Mitte ein Prinzip der Vereinigung, der Harmonie oder des Ausgleichs enthält. Mit dem letzteren ist das Gleichgewicht gemeint.

- Die erste Triade mit den Sephirot 1, 2, 3 stellt die metaphysischen Attribute Gottes dar, den Geist.
- Die zweite Triade mit den Sephirot 4, 5, 6 zeigt den moralischen Charakter, die Seele.
- Die dritte Triade mit den Sephirot 7, 8, 9 zeigt das Stoffprinzip, den Körper.
- Die letzte Sephira (10, das „Reich") stellt – in der Mitte der beiden Seiten - die Vereinigung der beiden Seiten dar.

Die kosmische Triade bildet den Plan des Universums. Die mittlere und untere Triade sind ihr untergeordnet und werden „Sephirot der Ausführung" genannt, weil sie bei der Ausführung der Schöpfung für die Umsetzung sorgten.

Die Sephirot teilen sich auch in eine rechte (2, 4, 7) und eine linke Seite (3, 5, 8) sowie eine Mitte (1, 6, 9, 10). Die Sephirot der rechten Seite stellen das „männliche", positive, aktiv-bewirkende Prinzip dar, die der linken das „weibliche", passive, empfangende Prinzip. Beide Extreme, die „Säule der Gnade“ und die „Säule der Strenge“ sind stets durch ein einigendes Mittelglied, die „Säule der Milde“ verbunden.

Eine Erklärung, warum die ruhigen Prinzipien (2, 4, 7) als die „männlichen“ und die beweglichen (3, 5, 8) als die „weiblichen“ bezeichnet werden, würden in dieser Instruktion zu weit führen. Für ein vertieftes Studium ist das Buch „Kabbala“ von Dion Fortune empfehlenswert.

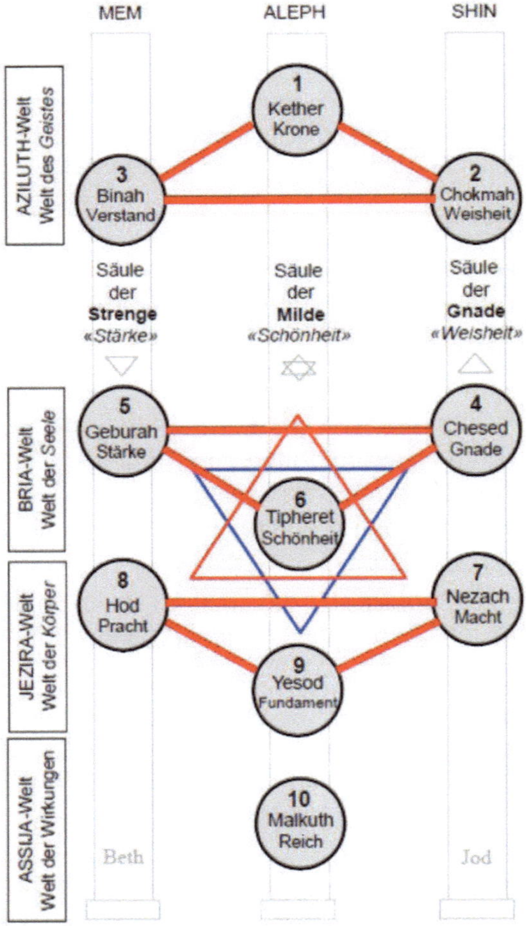

Abbildung des kabbalistischen Lebensbaumes mit den zehn Sephirot, den drei Säulen und den drei Triaden (ohne die 22 Wege)

4.2 Die drei Triaden im Lebensbaum der Kabbala

Im Lebensbaum der Kabbala finden wir die folgenden Dreiheiten (siehe Abbildungen):

1.) Die kosmische Triade symbolisiert den Geist, den Intellekt und das Denken. Kabbalistisch entspricht das der AZILUTH-Welt, der Welt des Geistes: Kether, Chokmah, Binah.

2.) Die mittlere Triade symbolisiert die Seele, das Gefühl, das Fühlen. Kabbalistisch entspricht das der BRIA-Welt, der Welt der Seele: Chesed, Geburah, Tipheret.

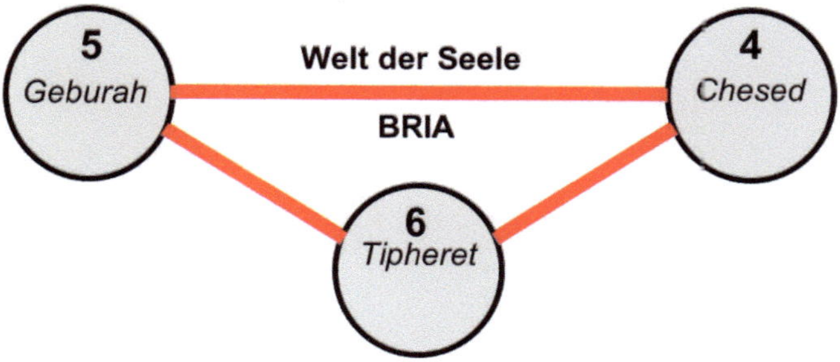

3.) Die untere, irdische Triade symbolisiert den Körper, die Welt der Formen. Kabbalistisch entspricht das der JEZIRA-Welt, der Welt der Körper: Nezach, Hod, Jesod.

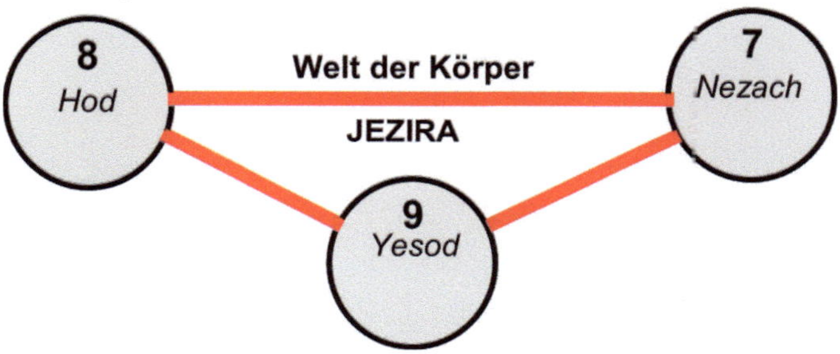

4.3 Der Freimaurertempel als rechtwinkliges längliches Viereck

Jeder Freimaurertempel hat die Form eines länglichen Vierecks „von Osten nach Westen, zwischen Süden und Norden, vom Zenit zum Nadir“. Dadurch soll die Universalität der Freimaurerei symbolisiert werden (siehe Abbildung).

Die erste Triade befindet sich im Tempel an der Wand im Orient. Die 10. Sephira (Malkuth, das Reich) repräsentiert in der Freimaurerei die profane Welt (Assija-Welt).

Es ist das Ziel von Tempelarbeiten, das, was die drei Triaden uns Freimaurer im Ritual „lehren“, in der profanen Welt umzusetzen und zu handeln. Somit stellt die Botschaft des kabbalistischen Lebensbaumes durchaus eine Analogie zum Freimaurertempel dar.

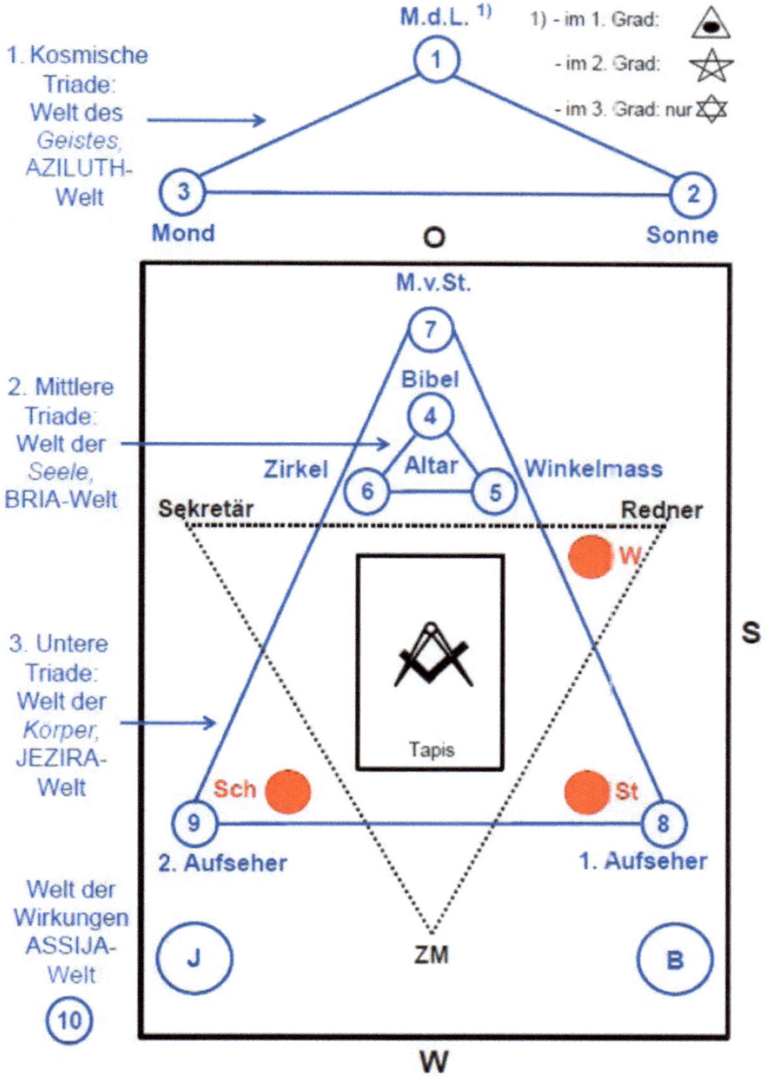

Abbildung des Freimaurertempels mit den drei Triaden, in Analogie zu den neun Sephirot

4.4 Die drei kleinen Lichter

Gemäß dem freimaurerischen Lehrgebäude sind es die drei „kleinen Lichter“, die Säulen der Weisheit, der Stärke und der Schönheit, die symbolisch den Tempel tragen. Der Tempel ist ein Symbol des Kosmos und des Menschen. Die drei Säulen verbinden das Obere, den Makrokosmos mit dem Unteren, dem Mikrokosmos und umgekehrt.

Nachstehend die Sephirot des Lebensbaumes der Kabbala, die den drei kleinen Lichtern im Tempel die Namen geben (siehe Abbildungen):

1) Die Säule der Weisheit (kabbal.: CHOKMAH: rechts, männlich, aufsteigendes Dreieck △).

2) Die Säule der Stärke (kabbal.: GEBURAH: links, weiblich, absteigendes Dreieck ▽).

3) Die Säule der Schönheit (kabbal.: TIPHERET: Mitte, vereinigend, Synthese, Hexagramm ✡).

4.5 Die drei Teile im Freimaurertempel

1. Der Meister der Loge (M.d.L.), die Sonne und der Mond („Transzendenz“) entsprechen der kosmischen Triade im Lebensbaum der Kabbala. Sie repräsentiert den Geist, den Intellekt und das Denken. Kabbalistisch entspricht das der AZILUTH-Welt, der Welt des Geistes: Kether, Chokmah, Binah.

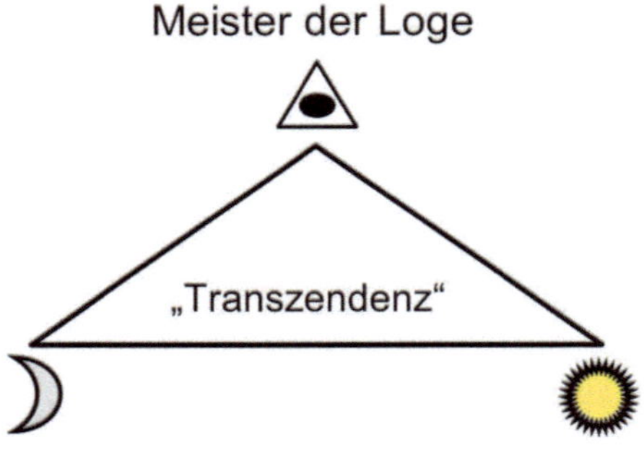

Im 1. Grad wird der Meister der Loge durch das Allsehende Auge dargestellt, im 2. Grad durch das Pentagramm (Quintessenz) und im 3. Grad durch das Hexagramm, Sinnbild für die Vollkommenheit, jedoch ohne Sonne und Mond.

In Deutschland ist nicht vom „Meister der Loge" die Rede, sondern allgemein vom „Meister". Die dargebotene Auslegung kann auch hierauf angewendet werden.

2. Die drei großen Lichter, die Bibel, das Winkelmaß und der Zirkel entsprechen der mittleren Triade im Lebensbaum der Kabbala. Sie repräsentiert die Seele, das Gefühl, das Fühlen. Kabbalistisch entspricht das der BRIA-Welt, der Welt der Seele: Chesed, Geburah, Tipheret.

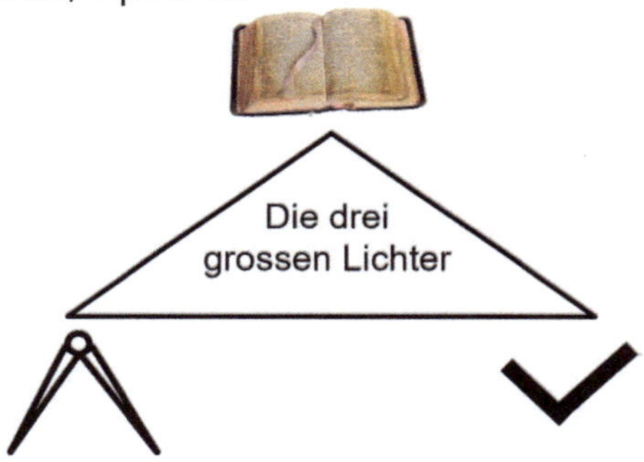

3. Der Meister vom Stuhl, der 1. Aufseher und der 2. Aufseher entsprechen der unteren, irdischen Triade im Lebensbaum der Kabbala. Sie repräsentiert den Körper, die Welt der Formen. Kabbalistisch entspricht das der JEZIRA-Welt, der Welt der Körper: Nezach, Hod, Jesod.

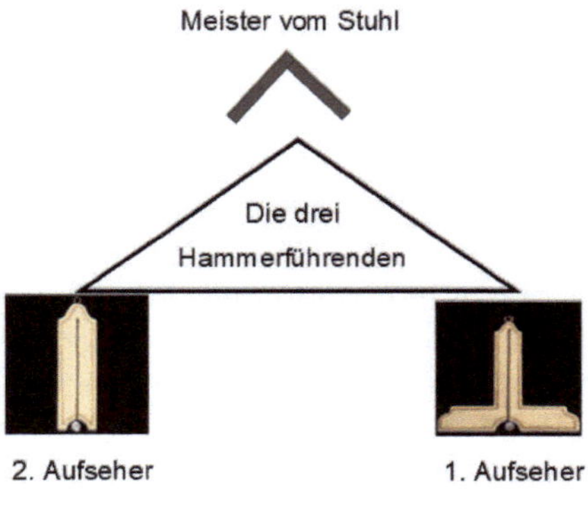

Erkenntnis bzw. Erklärung:

So wie die drei Teile im Lebensbaum der Kabbala auf den drei Säulen Shin (≙ Weisheit), Mem (≙ Stärke) und Aleph (≙ Schönheit) ruhen, so werden die drei Triaden im Freimaurertempel und damit der gesamte Freimaurertempel von den drei kleinen Lichtern der Weisheit, der Stärke und der Schönheit getragen.

Während im Lebensbaum der Kabbala die beiden Säulen J.·. und B.·. (daher als Jod statt Jachin und Beth statt Boas bezeichnet!) nach gängiger Lehrart den beiden „kleinen" Säulen Gnade und Strenge entsprechen, sind die beiden Säulen J.·. und B.·. im Freimaurertempel jedoch von den drei kleinen Lichtern Weisheit, Stärke und Schönheit physisch getrennt.

Man könnte sich in Analogie dazu vorstellen, dass der Lebensbaum der Kabbala mit der 10. Sephira Malkuth und den drei kleinen Säulen der Gnade, Milde und Strenge auf einem Fundament stehen, das – ebenfalls physisch getrennt – von den beiden Säulen J.·. (Jachin) und B.·. (Boas) getragen wird.

Wichtig:

Das System des Lebensbaumes der Kabbala ist wesentlich komplexer, als dies in der notwendigen Knappheit in dieser Instruktion erläutert werden kann. Gerade diese Komplexität verleiht der kabbalistischen Lehre und Tradition jedoch in hohem Maß Ganzheitlichkeit, Kreativität und Flexibilität.

4.6 Das Flammende Schwert

Zur Ausrüstung des Türhüters'/Wachthabenden an der Tempelpforte gehört das „Flammende Schwert". Stellt man sich oberhalb des kabbalistischen Lebensbaums, das heißt oberhalb der 1. Sephira (= Kether) den Griff des Schwertes vor und folgt nun den weiteren Sephirot in chronologischer Reihenfolge von 2 bis 10, d.h. bis zu Malkuth, wo die Spitze des Schwertes austritt, so stellt die Zick-zack-Form fiktiv ein „flammendes Schwert" dar.

Beim Eintritt in den Tempel werden die Brüder an der Pforte zum Tempel durch das Flammende Schwert „gereinigt“.

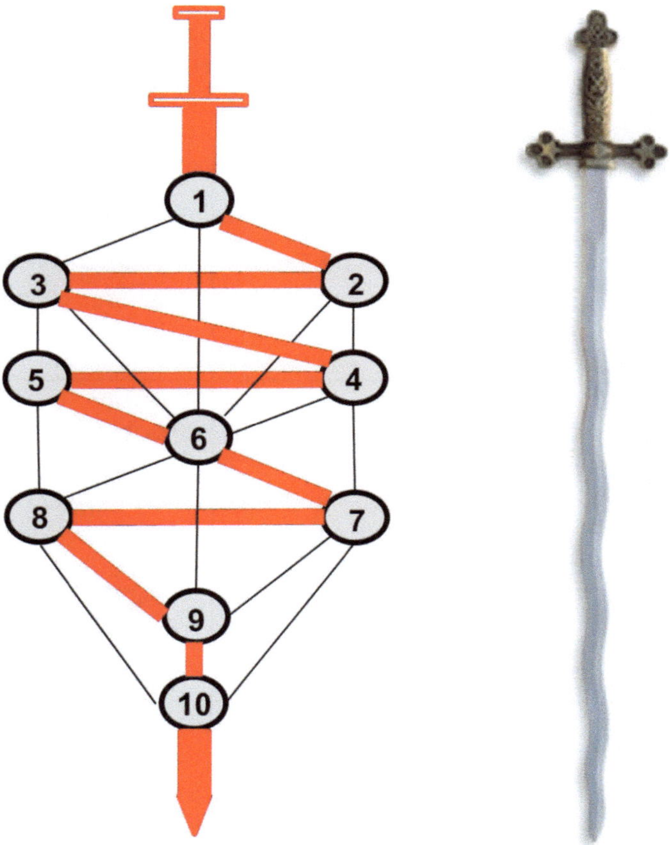

Stilisiertes Flammendes Schwert unter dem kabbalistischen Lebensbaum (links) sowie das vom Wachthabenden in der Loge benutzte reale Schwert (Ritualgegenstand).

4.7 Analogien des kabbalistischen Lebensbaumes zum Freimaurertempel

In der nachstehenden Tabelle sind Analogien zwischen dem Freimaurertempel und dem kabbalistischen Lebensbaum dargestellt.

Triaden (Dreiheiten)	**Freimaurertempel**	**Lebensbaum Kabbala (Alchemie)**[1]
1. Triade Geist: Denken, transzendent	**Kosmische Triade** „Transzendenz"	**Aziluth-Welt** Welt des Geistes
Intellekt, Kreativität, Schöpferkraft, universelles Bewusstsein	A.B.a.W. ('Obermeister')[2] Sonne (nur im 1° und 2°) Mond (nur im 1° und 2°)	1: Kether (Krone) [Gott] 2: Chokmah (Weisheit) [Zodiac] 3: Binah (Verstand) [Saturn]
2. Triade Seele: Moral, ethisch	**Mittlere Triade** 3 große Lichter	**Bria-Welt** Welt der Seele
Fühlen (als Emotion), wahrer Wille (thelema), Gemeinschaftsbewusstsein	Bibel Winkelmaß Zirkel	4: Chesed (Gnade) [Jupiter] 5 Geburah (Stärke) [Mars] 6 Tipheret (Schönheit) [Sonne]
3. Triade Körper: Handeln, irdisch	**Untere Triade** Drei Hammerführende	**Jezira-Welt** (Welt der Körper)

Triaden (Dreiheiten)	Freimaurer-tempel	Lebensbaum Kabbala (Alchemie)[1]
Wollen (als Begehren), Fühlen (als Wahr-nehmung von Reizen), Selbstbewusstsein	Meister vom Stuhl 1. Aufseher/ Vorsteher 2. Aufseher/ Vorsteher	7: Nezach (Macht) [Venus] 8: Hod (Pracht) [Merkur] 9: Jesod (Fundament) [Mond]
		Assija-Welt (Welt der Wirkungen) 10: Malkuth (Königreich) [Erde]
	Drei kleine Lichter	**Drei Säulen**
Drei Säulen	Weisheit Stärke Schönheit	SHIN: Chokmah (Gnade) [Sulphur], Feuer MEM: Geburah (Strenge) [Sal], Wasser ALEPH: Tipheret (Milde) [Mercurium], Luft

ad 1.) Alchemie: die sieben „Planeten“:
Mond, Merkur, Venus, Sonne, Mars, Jupiter, Saturn

ad 2.) im 1°: Allsehendes Auge;
im 2°: Pentagramm;
im 3°: nur Hexagramm (ohne Sonne und Mond)

4.8 Archetypen

Die Analytische Psychologie bezeichnet die dem kollektiven Unbewussten zugehörigen Grundstrukturen menschlicher Vorstellungs- und Handlungsmuster als Archetypen. Archetypen beeinflussen unbewusst das menschliche Verhalten und das Bewusstsein.

Das tiefenpsychologische Konzept der Archetypen geht auf den Schweizer Psychiater und Psychologen Carl Gustav Jung (1875 – 1961) zurück, der die Analytische Psychologie entwickelte.

Ein Archetyp als solcher ist unbewusst, er ist in seiner Wirkung aber unter anderem in symbolischen Bildern erfahrbar, wie beispielsweise in Träumen, Visionen, künstlerischen Werken, Märchen, Mythen und Symbolen.

Beispiele von Archetypen sind folgende (nach den Pfeilen ► typische Beispiele in der Freimaurerei):

- Gott, das Eine, das Ungeteilte, der Kreis, der Punkt, das Aleph
  ►Transzendenz
- Die Schöpfung, die Dualität, die Polarität, Hell und Dunkel, Gut und Böse
  ►Musivisches Pflaster
- Das Licht, der Tag, der Himmel, das Bewusste, das Aktive, das Ausstrahlende, das Männliche, Animus, der Geist, das aufsteigende Dreieck
  ►die Sonne
- Das Dunkel, das Wasser, die Nacht, die Hölle, das Unbewusste, das Passive, das Empfangende, das Weibliche, die Seele, Anima, das absteigende Dreieck
  ►der Mond
- Die Vereinigung, Tag und Nacht, König und Königin, Vater und Mutter, das Kind, das Dritte, Adam und Eva
  ►Sonne und Mond

- Der Schatten, das Dunkle in uns, die Höhle, die Leidenschaften
  ►die bösen Gesellen
- Der Quell, der Brunnen, der Fluss, der See, das Unbewusste
  ►die Seele
- Die Natur, die Erde, das Feste, der Stein, die Pflanze, die Rose, der Lebensbaum
  ►die vier Elemente
- Der Geist über der Materie
  ►Quintessenz
- Der weise Alte, der Führer, der Meister, der Weise, Animus
  ►der Meister vom Stuhl
- Der abgegrenzte Platz, das Paradies, der hegende Kreis
  ►die Loge
- Das Schützende, das Schloss, das Haus
  ►der Tempel

5. Grundaufbau der Ritual-Dramaturgie

Der Freimaurerbund, ein ethisch-symbolischer Bund, führt seit der Gründung der spekulativen Freimaurerei Rituale durch. Die Rituale wurden aber nicht erst im Jahre 1717 neu geschaffen, sondern haben sich im Laufe von Jahrhunderten entwickelt.

Br. Alfried Lehner schreibt:

„Bemerkenswert ist, dass diese Rituale in vielen Bereichen Elemente enthalten, die wir bereits in den ältesten Mysterien und Weisheitslehren finden. Dies gilt z.B. für die Eleusinischen Mysterien des alten Griechenlands, für die ägyptischen Mysterien des Isis-Kultes, für die Mysterien der Orphiker, für Bräuche des Mithraskultes und für die Weisheitslehren des alten Chinas. Und wer in einschlägigen Werken über die Mythen der Welt und in kultischen Bräuchen blättert, stößt immer wieder auf Ausdrucksformen, die er in der Freimaurerei in gleicher oder ähnlicher Form wiederfindet."

Es ist offensichtlich, dass ein Ritual durch das kollektive Handeln in jedem Freimaurer eine Wirkung auf das Denken, Fühlen und Handeln hervorruft, wenn auch von unterschiedlicher Intensität.

Wieder Br. Lehner:

„Worauf beruht nun diese besondere Wirkung auf den Menschen? Wir wollen den Weg zu einer Erklärung über ein Gebiet nehmen, das auf empfindungsfähige Menschen zumindest in Teilbereichen ähnlich wirkt: Das ist die Naturbetrachtung.

Da ist das Mysterium des Sonnenaufgangs. Mit Ergriffenheit empfindet der frühmorgendliche Wanderer die Urverbundenheit des Menschen mit aller Kreatur – auch mit den Pflanzenwelt – in Hinwendung zur Sonne. Er kann sich des befreienden Aufatmens nicht erwehren, wenn der gleißend helle Feuerball sich feierlich über den östlichen Horizont erhebt.

Ebenso wenden sich auch die Blüten jener göttlichen Erscheinung zu, öffnen die Kelche weit, wie unsere Herzen und Lungen, atmen auf ihre Weise auf und beten an. Und der Wanderer fragt sich angesichts dieser Übereinstimmung mit der Pflanzenwelt, ob hier nicht ein unbewusstes Erinnern an einen unendlich fernen gemeinsamen Ursprung erwacht.

Auch derjenige, der es nicht so poetisch formuliert, fühlt sich in diesem Augenblick harmonisch eingebettet in das große kosmische Geschehen."

Br. Hans-Hermann Höhmann beschreibt in seinem Buch „Das Ritual in der Humanistischen Freimaurerei" drei zentrale Punkte des Rituals: Die Symbolik des Lichtes, des Wanderns und des Bauens.

Licht erlaube *„unmittelbare, subjektive und dogmenfreie Zugänge zur Transzendenz"; die Wandersymbolik helfe „erkennen, dass es sich bei den Ritualen der Freimaurer nicht um Verkündigungsrituale handelt [...], sondern um Erprobungsrituale oder Rituale der Suche, die schrittweise Erkenntnis und korrigierbares Lernen verdeutlichen"; die Symbolik des Bauens verweist auf die Idee, sich selbst als Baustein zu verstehen, „lebenslang und unabweisbar, aber mit der Hoffnung auf Gelingen und auf der festen Grundlage eines positiv-optimistischen Menschenbildes."*

Symbole und Rituale bewirken, wie Br. Höhmann ebenfalls im oben erwähnten Buch schreibt, eine dreifache Einordnung des Freimaurers:

- eine moralische Ordnung: „Schau in Dich",
- eine soziale Ordnung: „Schau um Dich" und
- eine kosmologische Ordnung: „Schau über Dich".

5.1 Die unabdingbaren Anforderungen an ein Freimaurer-Ritual

Gemäß Br. Höhmann bedarf es für ein Ritual einer Rahmung. Darunter versteht er die Einrichtung eines besonderen symbolischen Raumes und die Schaffung einer besonderen symbolischen Zeit.

Räumliche und zeitliche Voraussetzungen

Konkret: Ein freimaurerisches Ritual muss in einem „Raum“ stattfinden, der die folgenden räumlichen und zeitlichen Voraussetzungen erfüllt:

- „Raum“ als Bezugspunkt zum Universum
- Längliches rechtwinkliges Viereck
- Abgeschlossener Raum („gedeckt“)
- Die Arbeit erfolgt von Hochmittag bis Hochmitternacht: Nach der Legende soll Zarathustra (2. oder 1. Jahrtausend v. Chr.) seine Schüler um Mittag empfangen und um Mitternacht, nach dem Brudermahl, entlassen haben.

Schaffen der Ordnung

Es müssen Kriterien der Ordnung erfüllt sein (Br. Lehner):

- Vorgeschriebene Bekleidung:
  schwarzer oder dunkler Anzug, weißes Hemd, weiße oder silberfarbige Krawatte oder Fliege, Schurz, Band oder Bijou, weiße Handschuhe
- Tempeleinrichtung:
  die beiden Säulen, die drei großen Lichter, die drei kleinen Lichter, der dreiarmige Leuchter (nicht bei A.F.u.A.M.), die Lichter der beiden Vorsteher/Aufseher, des Redners und des Protokollierenden Schreibers/Sekretärs, die Werkzeuge, die Kleinodien, usw.
- Aufforderungen des ZM:
  - „Sich schweigend vorzubereiten“
  - „Mir in geordnetem Zug in den Tempel zu folgen“
  - „Wir betreten den Tempel in besonderen Schritten“
  - „Wir schreiten ohne Zeichen rechtwinklig im Sonnenlauf um den Tapis/Arbeitsteppich“
  - „Wir nehmen unseren Platz ein und/oder bleiben stehen“, usw.
- Aufforderungen des MvSt.:
  - „Wir erheben uns, meine Brüder.“

- „In Ordnung, meine Brüder!“
- „Setzt Euch, meine Brüder!“, usw.

5.2 Bedeutungen der Wege der Brüder und des Lichtes

Der Weg des Lichtes erfolgt in der Freimaurerei immer im Sonnenlauf von Osten über Süden nach Westen. Der Weg der Brüder aber geschieht in der Gegenrichtung, vom Westen nach Osten, zum Licht.

Während das Licht aus dem Osten kommt und im Ritual der Tempel von Osten nach Westen im Sonnenlauf in mehreren Schritten erleuchtet wird, begeben sich die Brüder in der Gegenrichtung vom Westen aus nach Osten – ebenfalls im Sonnenlauf – zum Licht.

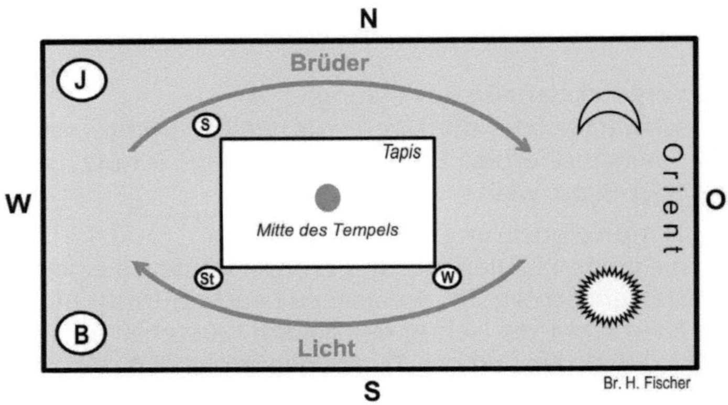

Weg der Brüder und Weg des Lichts

Von der Dualität zur Vollkommenheit

Die Brüder gehen beim Eintritt in den Tempel zwischen den beiden polaren Säulen „J.·.“ und „B.·.“ hindurch.

Im Vorhof des Salomonischen Tempels in Jerusalem standen die zwei nicht tragenden Säulen mit den Namen Jachin und Boas. Symbolisch galten sie jedoch als die Träger des Universums.

Die Säule Jachin gibt festen Stand („Er wird aufrichten"), die Säule Boas soll Stärke und Ausdauer („Die Kraft ist in Ihm") repräsentieren sowie Kraft verleihen. Beide zusammen verleihen Stabilität.

In der Freimaurerei repräsentieren die beiden Säulen Jachin und Boas als polare Gegensätze die Grundpfeiler der Humanität.

Beim Weiterschreiten erkennen die Brüder auf dem Tapis/Arbeitsteppich das Musivische Pflaster, ein weiteres maurerisches Symbol mit polaren Gegensätzen, der Dualität.Doch in der Mittleren Kammer befinden sich das Winkelmaß und der Zirkel. Hier bilden die beiden Werkzeuge nicht mehr Gegensätze, sondern bilden übereinandergelegt das Symbol des Hexagramms, eine Ganzheit, das Symbol der Vollkommenheit.

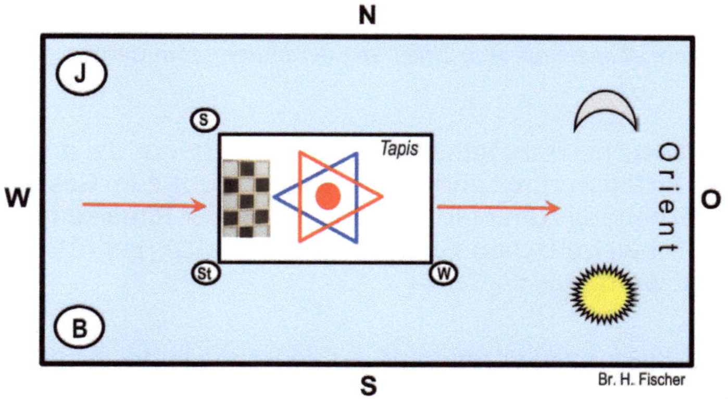

Von der Dualität zur Vollkommenheit

Von der Materie zum Geist

Der Lehrling soll den rauen Stein bearbeiten und der Geselle soll ihn weiter bearbeiten zu einem kubischen Stein, damit er in den Tempel der Humanität eingefügt werden kann.

Alchemistisch heißt das, aus der Prima materia (≙ rauer Stein) den Lapis philosophorum (≙ Stein der Weisen) zu finden. Oder eben Blei in Gold zu verwandeln.

Der Meister jedoch geht vom Winkelmaß zum Zirkel, von der Materie zum Geist.

5.3 Dramaturgie und Ritualfreiheit

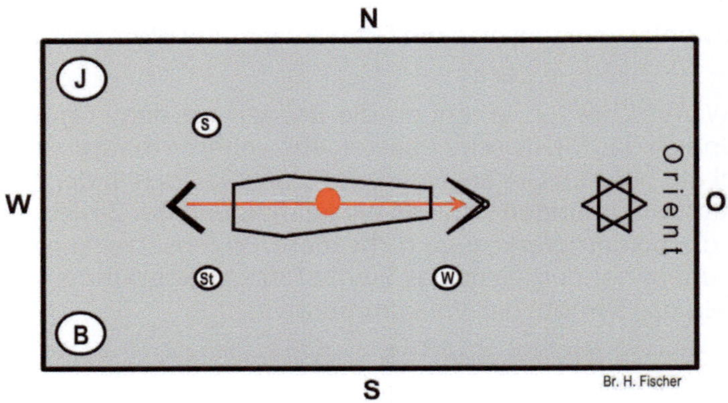

Vom Winkelmass zum Zirkel, von der Materie zum Geist

In der Schweiz herrscht Ritualfreiheit. Das heißt, nur die drei Rituale der Initiation zum Lehrling, der Beförderung zum Gesellen und der Erhebung zum Meister müssen von der Ritualkommission der Schweizerischen Großloge Alpina, SGLA, geprüft und anerkannt werden.

Werden Änderungen vorgenommen, müssen sie der Großloge wieder zur Prüfung vorgelegt werden. Die übrigen Rituale wie beispielsweise Werklehren oder Instruktionsrituale müssen dennoch der anerkannten Dramaturgie der Freimaurer-Rituale und der maurerischen Methodik genügen, müssen aber der Großloge nicht zur Prüfung vorgelegt werden.

In Deutschland können alle Logen, die vor der „dunklen Zeit" bereits gearbeitet haben, ihr damals verwendetes Ritual weiter nutzen. Alle anderen Logen sind gehalten, das Ritual nach A.F.u.A.M. zu gebrauchen. Ausnahmegenehmigungen der Großloge sind möglich, aber selten.

De facto arbeiten die A.F.u.A.M.-Logen in aller Regel nach dem Ritual der A.F.u.A.M. oder dem Schröder-Ritual. Die alten Rituale kommen nur noch bei Stiftungsfesten oder ähnlichem zum Einsatz.

Von der Ritualpflicht völlig befreit sind die „de Molay-Logen". Sie unterstehen direkt der „Vereinigten Großlogen von Deutschland".

5.4 Das „Geheimnis" der Freimaurerei bzw. Spiritualität im Ritual

Es ist mittlerweile allseits bekannt: Es gibt kein „Geheimnis" in der Freimaurerei, das Geheimnis liegt ausschließlich im persönlichen Erleben des Rituals, das seine Wirkung im humanitären Verhalten eines jeden Freimaurers im Profanen zeigt.

Es ist aber ein Irrtum zu glauben, dass die Initiation allein von selbst dazu befähige, aus einem Freimaurer einen besseren Menschen zu machen. Die rituelle Betätigung verlangt die Bereitschaft zu aktiver Arbeit an sich selbst. Der Prozess der Individuation, der Selbstfindung, ist zwar untrennbar mit dem rituellen Erlebnis der Spiritualität verbunden, bedingt aber in erster Linie Arbeit an sich selbst.

Das wird ermöglicht im symbolisch-rituellen Rahmen zwischen Hochmittag und Hochmitternacht, nachdem die Ordnung geschaffen wurde, sowie nach der äußeren und inneren Deckung, nach der schrittweisen Erleuchtung der Loge und dem Schaffen der Vollkommenheit.

Zeichen, Wort und Griff

Das sind noch die drei einzigen Symbole, die zum Glück ausschließlich in mündlichen Unterweisungen bzw. Instruktionen vermittelt und nicht publiziert werden. Könnte es sein, dass diese drei Symbole ihren Ursprung in den drei Sephirot (siehe 4.1 ff.) Erzählung (hebr. ספּוּר, sipur, Wort), Zahl (hebr. ספְּרָה, sephar, Zahlen) und Zeichen (hebr. רֶפֶס; sepher; Schrift) haben, die JHWH in den 32 Pfaden der Weisheit zeichnete?

Gemäß der Kabbala sind bei Gott Gedanke, Wort und Schrift eins, während sie beim Menschen drei sind.

5.5 Vorgegebene Dramaturgie

Das Freimaurer-Ritual hat einer vorgegebenen raum-zeitlichen Struktur, einer Dramaturgie, zu folgen und unterliegt strengen Gesetzmäßigkeiten. Dazu gehört die Einbringung des Lichtes, die Anrufung des Allmächtigen Baumeisters aller Welten, der Eid oder das Gelübde, die Vermittlung von Zeichen, Wort und Griff und die besonderen Umstände bei der Aufnahme, die Fragen und Antworten oder der Katechismus und der rituelle Abschluss mit dem Löschen der Lichter.

Eine Tempelarbeit besteht aus den drei Teilen Loge, Brüder und aus dem Ritual selbst. Weiter beinhaltet das Ritual mit Reisen, Proben und Prüfungen einen Erlebnisteil, der den Kandidaten mit dem Universum verbindet und einen Belehrungsteil mit Anleitungen zum sittlichen Handeln.

Die Handlungen im Ritual müssen gemäß der maurerischen Lehrart folgerichtig ausgeführt werden. Das Grundprinzip von Öffnung, Hauptteil und Schließung ist in der nachstehenden Abbildung dargestellt.

Im Vorhof des Tempels geben die Brüder dem mit dem Flammenschwert ausgestatteten Türhüter/Wachthabenden unaufgefordert das Passwort. Nach dem Durchschreiten der Tempelpforte erfolgt der (symbolische) Schritt im Zeichen Richtung Osten. Danach begeben sich die Brüder rechtwinklig im Sonnenlauf (siehe Abbildung unten) in freien Schritten und ohne Zeichen (weil die Loge noch nicht gedeckt ist) an ihren Platz.

Nach der Erleuchtung und Öffnung der Loge folgt die Hauptarbeit, danach werden in umgekehrter Reihenfolge die Loge geschlossen und die Lichter gelöscht.

Grundprinzip der Dramaturgie eines Freimaurerrituals
am Beispiel der Schweiz

Nach dem Schließen der Loge begeben sich die Brüder ohne Zeichen und in freien Schritten (weil die Loge geschlossen ist) in den Westen zwischen die beiden Säulen „Stärke“ und „Schönheit“ und verlassen die Loge mit einer kleinen Verneigung gegen Osten.

Grundprinzip der Dramaturgie eines Freimaurerrituals
am Beispiel des Rituals nach A.F.u.A.M.

Dies ist die rituell korrekte Darstellung von Ein- und Auszug. Die räumlichen Gegebenheiten können natürlich erfordern, dass es tatsächlich anders gehandhabt wird. Die Brüder sollten sich des rituellen Hintergrundes aber immer bewusst sein.

„Rechtwinklig im „Sonnenlauf"

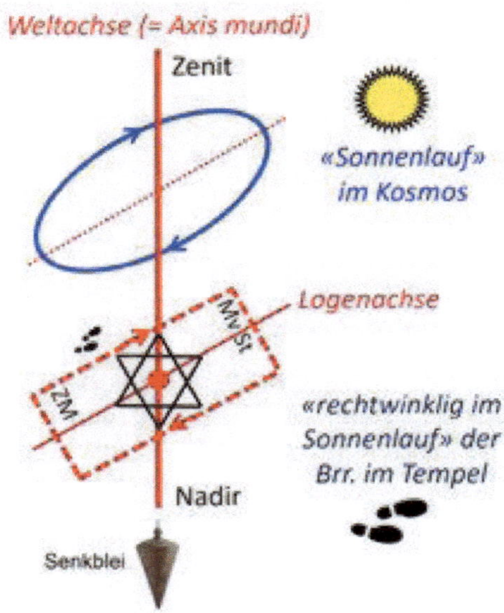

Die Weltachse steht senkrecht auf der Logenachse, damit wird der Mittelpunkt des Tempels bestimmt.

Durch den Schnittpunkt der Weltachse (= Axis mundi), dargestellt durch das Senkblei mit der Logenachse (= Verbindungslinie MvSt. – ZM), wird die Mitte des Tempels bestimmt.

Die im Mittelpunkt des Tempels bzw. des Tapis/Arbeitsteppich liegenden Zirkel und Winkelmaß bilden symbolisch das Hexagramm, Zeichen der Vollkommenheit.

Der Kreis ist das Symbol für den Himmel, das Viereck für die Erde.

Bereits im chinesischen Buch „I Ging" (6. Jahrhundert v. Chr.) ist das Weltschöpferpaar mit dem Zirkel (≙ Kreis, Schöpfung des Himmels, „oben") und dem Winkelmaß (≙ Viereck, Schöpfung der Erde „unten") dargestellt.

Die Vierheit als Symbol des Irdischen mag durch die vier Elemente Erde, Feuer, Wasser und Luft beeinflusst worden sein. Spätestens aber seit dem griechischen Philosophen Empedokles (490 – 430 v.Chr.) sind die vier Elemente Bestandteil der

Weltsicht der Antike. Zudem werden die vier Himmelsrichtungen durch den Sonnenlauf („oben“) zum Abbild der Welt und des menschlichen Lebens („unten“).

Ost und West verkörpern Geburt und Tod. Der Süden ist das Reich des Lichtes, das Leben auf seinem Höhepunkt, während der Norden das Reich des Todes symbolisiert.

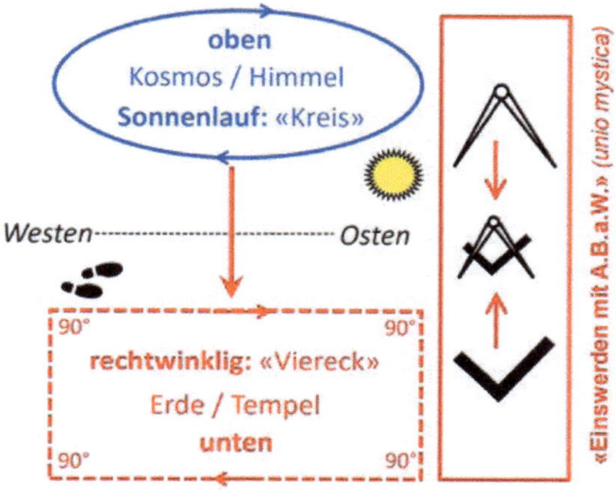

„Rechtwinklig im Sonnenlauf“: Einswerden mit dem A.B.a.W.

Folglich: Mit der Form des Vierecks im Tempel (≙ Erde, Menschen, unten) ist das kosmische Geschehen (≙ maurerischer Methodik) mit dem Kreis (≙ Himmel, A.B.a.W., oben) verbunden.

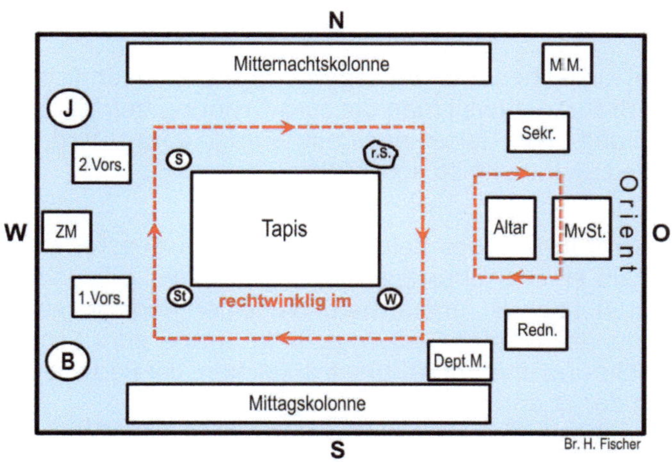

„Rechtwinklig im Sonnenlauf“ um den Tapis und den Altar herumgehen (r.S: = rauer Stein)

Und mit dem dramaturgisch korrekten „rechtwinkligen Sonnenlauf“ (Viereck und Kreis) im Tempel wird das „Einswerden“ (unio mystica, Unifikation) von „oben“ (Kreis) und „unten“ (Viereck) vollzogen bzw. erst möglich. So wie der MvSt. den Altar rechtwinklig im Sonnenlauf umschreitet, vollführen die Brüder den rechtwinkligen Sonnenlauf um den Tapis/Arbeitsteppich und „heiligen“ damit die Stätte.

Es gibt Logen, die bei der Trauerloge ausnahmsweise entgegen dem Sonnenlauf um den Sarg herumgehen. Dies mit der Begründung, dass bei diesem Ritual die göttliche Ordnung gestört sei.

Das Ordnungszeichen

Das Ordnungszeichen wird nur nach Aufforderung „in Ordnung“ durch den Meister vom Stuhl in gedeckter Loge gegeben.

„In Ordnung“ steht (nicht geht) der Bruder, wenn er im Zeichen steht (nicht geht) und dazu die entsprechenden Fußstellungen einnimmt: zum Beispiel im Tau (τ) im Lehrlings- und Gesellengrad oder im 90°-Winkel im Meistergrad (siehe Kap. 8 und 9). Damit wird angedeutet, dass ein Bruder seinen Körper in eine „Ordnungsstellung“ bringt, und zusätzlich auch seinen Geist, sein Herz und seine Seele in Ordnung gebracht hat.

Obwohl ein Gehen oder Bewegen im Zeichen eigentlich nicht ritueller Brauch ist (weil man die zum Ordnungszeichen gehörige Fußstellung beim Gehen nicht einnehmen kann), wird es leider in vielen Logen noch so ausgeführt.

Die Durchführung des Zeichens außerhalb des Tempels oder außerhalb einer ordnungsgemäß geöffneten oder noch nicht gedeckten Loge ist unstatthaft. Bei einer Rede in geöffneter Loge tritt der Bruder Redner zu Beginn und zum Schluss seiner Zeichnung und Begrüßung ins Zeichen, die Rede selbst wird nicht in der Ordnungsstellung gehalten.

Beim Ausführen des Ordnungszeichens der hammerführenden Meister wird die rechte Hand mit dem Hammer in allen drei Graden immer auf die Herzgegend gelegt.

5.6 Weg der Weihe

Man kann niemanden zum Freimaurer „weihen", außer jemand weiht sich selbst. Weder der Meister vom Stuhl noch die Bruderschaft haben priesterliche Funktionen und die Kompetenz dazu. Daher können sie nur Freimaurer „machen", aber nicht weihen.

Die Freimaurerei gewährt nur die äußere Form, den materiellen Weg zu einer Weihe, zu einem „Erkenne dich selbst" und damit eine Hinführung zur inneren Wandlung. Dieser Weg wird mit den drei Graden vorgezeichnet nach den Leitsprüchen:

- Lehrling: Schau in Dich!
  (theosophisch: Bild Gottes in uns)
- Geselle: Schau um Dich!
  (theosophisch: Spur Gottes um uns)
- Meister: Schau über Dich!
  (theosophisch: Licht der Wahrheit über uns)

Der Meister vom Stuhl „weiht" weder den Lehrling noch den Gesellen noch den Meister, sondern er nimmt den Lehrling „an und auf". Er „befördert" zum Gesellen und „erhebt" zum Meister. Zum Vollzug dieser Handlungen muss er von seinem Meistersitz herabsteigen und sich an den Altar begeben. Dies sind rein materielle Handlungen, die beim Bruder selbst durch eine geänderte Geisteshaltung zur Weihe führen müssen.

Bei diesen Handlungen ist es wichtig, dass ein separater Zirkel verwendet wird.

Die Einheit der drei großen Lichter muss während des Rituals bestehen bleiben.

Im christlich grundierten „Orden" (Große Landesloge von Deutschland") und beim „Alten und anerkannten Schottischen

Ritus“ wird hingegen ab den Andreasgraden von „Weihe“ gesprochen. Dies hängt damit zusammen, dass die freimaurerische „Karriere“ abgeschlossen ist. Die weiteren „Erkenntnisstufen“ (GLL) bzw. „Vertiefungsgrade“ (AASR) können weder weiter befördern noch erheben, aber sie können das bereits erreichte Niveau „weihen“.

6. Dramaturgie im Detail

Auf den folgenden Seiten ist eine detaillierte Dramaturgie eines „Muster"-Rituals im Sinne der freimaurerischen Methodik bzw. Lehrart und Logik beschrieben. Die fett-gedruckten Zeilen sind obligatorische Elemente des Rituals. Hingegen kann die Reihenfolge der Elemente je nach Ritus verändert sein und die Musik kann an weiteren Stellen integriert werden.

Schon allein eine verschiedenartige Ausgestaltung der Loge und eine unterschiedliche Obödienz führen zu einer Änderung des Ablaufs der einzelnen Ritualschritte und bestätigen, dass die Freimaurerei nicht dogmatisch sein kann.

6.1 Hauptelemente eines Rituals

Die nachstehende Dramaturgie wird als ein mögliches Beispiel verstanden und darf nicht dogmatisch ausgelegt werden.

Wichtige Elemente aus Kapitel 5 (Grundaufbau der Ritual-Dramaturgie) sind in diesem Kapitel bewusst wiederholt.

Zum besseren Verständnis sind in den nachfolgenden Abläufen die wesentlichen Elemente der Öffnung und der Schließung der Loge detailliert dargestellt.

Hauptarbeit
(Aufnahme, Beförderung, Erhebung etc.)

Begrüssung, Gäste, Entschuldigungen, usw

Musik

Die „Loge ist geöffnet" (nicht „eröffnet")

Schaffen der Heiligen Zeit („Hochmittag")

Anrufen des A.B.a.W.

Installieren des Heiligen Raumes
Öffnen des Buches der Heiligen Gesetze
Zusammenfügen von Zirkel und Winkelmass
Schaffen der Vollkommenheit

Anzünden der drei kleinen Lichter
Bestimmen der Himmelsrichtungen („Mittag")
Sie tragen den Tempel der Humanität

Anzünden der Lichter auf dem Meistertisch und der vier Lichter
(Vorsteher/Aufseher, Redner, Schreiber/Sekretär)
Viereck und Pentagramm der Lichtträger („Morgen")

Deckung
innere: 1. Vorsteher (ab hier mit Ordnungszeichen!
MvSt. «Wir erheben uns, meine Brüder.»
(statt «Zur Ordnung»)
äussere: 2. Vorsteher

Einführung der Brüder
rechtwinklig im Sonnenlauf
das macht den Raum zur Heiligen Stätte

Einführung der Beamten
Dreieck der Hammerführenden
Hexagramm der Beamten

Eintritt MvSt.
zündet mittlere Kerze an (= Urlicht)

mit Zeichen

---

ohne Zeichen

Tempelpforte

Hauptarbeit

(Aufnahme, Beförderung, Erhebung etc.)

Musik

Rede

Verdanken der Rede und der Musik

Almosen einsammeln

Frage nach Wortbegehren

Bilden der Bruderkette

Anrufen des A.B.a.W.

Rückführen der Heiligen Zeit („Hochmitternacht")

Die „Loge ist geschlossen"

Löschen der drei kleinen Lichter

Löschen der zwei Lichter auf dem Meistertisch und der vier Lichter

Rückführen des Heiligen Raumes
Trennen von Zirkel und Winkelmaß
Erstellen der Unvollkommenheit
Schließen des Heiligen Gesetzes

Entlassung der Beamten
Austritt ohne Zeichen
(nur kurze Verneigung gegen Osten)

Entlassung der Brüder

Löschen des Urlichtes

Austritt MvSt.

mit Zeichen

---

ohne Zeichen

Tempelpforte

6.2 Phasen eines Muster-Rituals

Eintritt des MvSt. in den Tempel

Der MvSt. tritt vom Vorraum durch die Tempelpforte und umschreitet die Mitte des Raumes rechtwinklig im Sonnenlauf. Danach zündet er die mittlere Kerze (= Urlicht) am dreiarmigen Leuchter auf dem Altar an.

„Das Licht ist geschaffen."

Dann ruft der MvSt. als ersten Br. den Zeremonienmeister mit einem kräftigen Hammerschlag herbei, mit dem Auftrag, die Beamten in den Tempel zu führen.

Eintritt der Beamten - begleitende Musik

Die Brr. Beamten treten vom Vorraum durch die Tempelpforte und begeben sich ebenfalls rechtwinklig im Sonnenlauf an ihre Plätze.

Dreieck der hammerführenden Beamten

Hexagramm der ritualführenden Beamten

Eintritt der Brüder - begleitende Musik

Der Eintritt der Brr. in den Tempel und das Umschreiten des Tapis/Arbeitsteppich „macht" den Raum zur Heiligen Stätte.

Die Brr. geben dem Türhüter (Wachthabender) unaufgefordert das Passwort.

Die Brr. treten im Zeichen und Schritt (= symbolisch) in den Tempel.

Die Brr. gehen rechtwinklig im Sonnenlauf in freien Schritten und ohne Zeichen (da die Loge noch nicht gedeckt ist) an ihre Plätze.

„Rechtwinklig im Sonnenlauf", das heißt von W über N und O nach S; die vier Ecken werden je in einem 90°-Winkel vollzogen.

Werklehre

Deckung und Erleuchtung der Loge

Der 2. Vorsteher/Aufseher überprüft, ob die Loge gedeckt ist

„äußere" Deckung

Die Brr. erheben sich auf Verlangen des MvSt. und geben dem 1. Vorsteher/Aufseher das (Lehrlings)Zeichen

„innere" Deckung

(erst ab diesem Moment darf das Ordnungszeichen ausgeführt werden, da die Loge gedeckt ist).

Der MvSt. zündet die beiden Kerzen an am dreiarmigen Leuchter. Im A.F.u.A.M.-Ritual sind es drei separate Kerzen, die bereits vor Eintritt des ZM vom MvSt. entzündet worden waren.

Werklehre

Anzünden der vier Lichter („Morgen")

Der MvSt. zündet die Lichter der Brr. 1. Vorsteher/Aufseher, 2. Vorsteher/Aufseher, Redner und Sekretär an.

Viereck der Lichtträger, zusammen mit dem MvSt.

Pentagramm der Lichtträger

Anzünden der drei kleinen Lichter („Mittag")

Die drei kleinen Lichter

Weisheit, Stärke und Schönheit werden von Osten nach Westen im Sonnenlauf durch den MvSt. und die beiden Vorsteher/Aufseher angezündet.

Bestimmen der Himmelsrichtungen

Enthüllen des Tapis/Arbeitsteppich (Arbeitstafel)

Installieren des Heiligen Raumes

evtl. Schwert auf Altar legen

Auflegen der drei großen Lichter, Schaffen der Heiligen Zeit („Hochmittag“)

Der MvSt. öffnet das Buch der Heiligen Gesetze im Johannesevangelium:

Glaube, Hoffnung, Liebe

Dann fügt er Winkelmaß (= Recht und Gerechtigkeit) und Zirkel (= umfassende Bruderliebe) hochhaltend entsprechend dem bearbeiteten Grad zusammen.

Das Zusammenfügen von Zirkel und Winkelmaß hebt für die beschränkte Zeit der

Tempelarbeit die Trennung von oben (= Himmel, Kreis) und unten (= Tempel, Viereck), von göttlichem und irdischem Raum auf, die Unvollkommenheit ist überwunden

Schaffen der Vollkommenheit

„Gebet" A.B.a.W.

Werklehre

(evtl. Musik)

„Die Loge ist geöffnet"

Die Loge tritt in die Ordnung des Universums.

Musik

evtl. Eintritt der Großbeamten

Begrüßung der Gäste

Entschuldigungen, evtl. kleine Ansprache MvSt.

Hauptarbeit („Höhepunkt")

Initiation, Beförderung, Erhebung, maurerische Arbeit, Affiliation, Rektifizierung, Werklehre, Instruktion, Trauerloge, Zeichnen des Tapis/ Arbeitsteppich, Weiße Loge usw.

Musik

Ansprache (Zeichnung) des Redners

Musik

MvSt. dankt für die Rede und die Musik

Batterie

(evtl. Begrüßung Gäste, Entschuldigungen)

Werklehre

(evtl. Musik)

Almosen (= Gabe) einsammeln im Tempel

begleitende Musik

evtl. Austritt der Großbeamten

MvSt. fragt nach allfälligen Wortbegehren

Bilden der Bruderkette

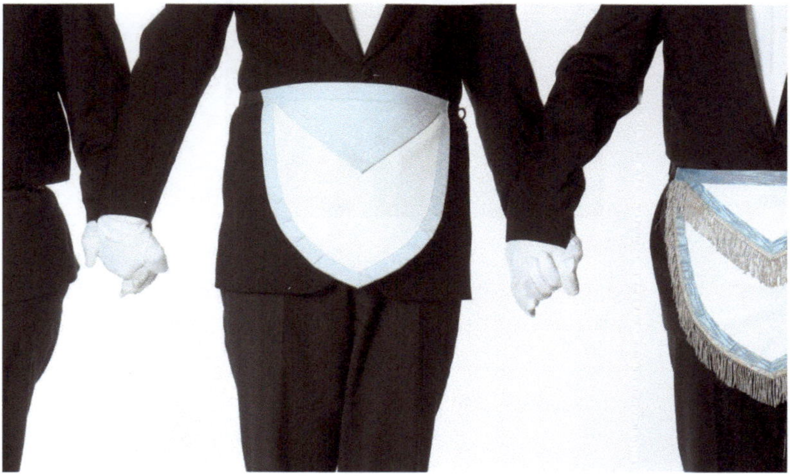

„Gebet" A.B.a.W.

Rückführen der Heiligen Zeit („Hochmitternacht")

„Die Loge ist geschlossen "

(Ab diesem Moment wird kein Ordnungszeichen mehr ausgeführt und das Licht wird symbolisch zum Urlicht des MvSt. zurückgeführt.)

Zudecken des Tapis/Arbeitsteppich (Arbeitstafel)

Löschen der Lichter

Löschen der drei kleinen Lichter (von Westen nach Osten: Schönheit Stärke Weisheit)

Der MvSt. löscht die zwei Kerzen am dreiarmigen Leuchter.

Die vier Brr. 1. Vorsteher/Aufseher, 2. Vorsteher/Aufseher, Sekretär und Redner löschen gleichzeitig die vier Lichter.

evtl. Schwert zurücklegen

Rückführen des Heiligen Raumes

Der MvSt. trennt Zirkel und Winkelmaß.

Aufheben der Vollkommenheit

Erstellen der Unvollkommenheit

Danach schließt er das Buch der Heiligen Gesetze.

Austritt der Beamten und Brüder

begleitende Musik

Zuerst verlassen die Beamten (ZM, 1. Vorsteher/Aufseher, 2. Vorsteher/Aufseher, Redner, Sekretär), dann die Brüder (Orient, Mitternachtskolonne, Mittagskolonne) den Tempel ohne Zeichen (da die Loge geschlossen ist) oder (wie bei A.F.u.A.M.) umgekehrt, zuerst die Brr. dann die Beamten.

Die Brr. verneigen sich beim Verlassen des Tempels - ohne Zeichen - jeweils zwischen den beiden Säulen „Stärke“ und „Schönheit“ gegen Osten.

MvSt. löscht die mittlere Kerze (= Urlicht) am dreiarmigen Leuchter

Austritt MvSt.

Am 17. März 2016 führte die Loge St. Johann am Rhein i.·. Or.·. v.·. Schaffhausen anlässlich der Gemeinsamen Arbeit der Zürcher Logen in Zürich das von Autor, Br.·. Hans Fischer verfasste, alchemistische Ritual „Der Weg zu sich selbst" durch. Br.·. Hansjürg Oesterle von der Loge Libertas et Fraternitas i.·. Or.·. v.·. Zürich hat dazu das Bild© gemalt.

7. Pflichten und Verhaltensregeln der Ritual-Beamten

Ritualproben sind unerlässlich zur optimalen und würdigen Durchführung von Ritualen. Gut geführte Logen führen während des Jahres zusätzlich Instruktionen durch, damit die Inhalte der Rituale verstanden und mit der Zeit verinnerlicht werden. Das ist eine gute Basis für das Gelingen der Rituale zum Wohlgefallen der Brüder. Vielfach sind es kleine Dinge oder Missgeschicke, die störend wirken und ein an sich würdig gestaltetes Ritual in einem ungünstigen Licht erscheinen lassen. So sollen nebst den üblichen Pflichten der Beamten auch praktische Tipps aufgeführt werden.

Nachstehend werden ausschließlich die Funktionen der Ritualbeamten inkl. Vorbereiter (Vorbereitender Bruder) und Pate (Bürge) beschrieben.

7.1 Meister vom Stuhl (MvSt.).

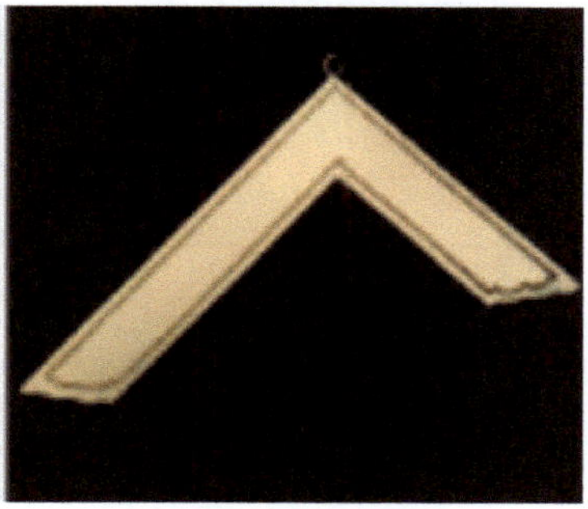

Der MvSt. führt den ersten Hammer als „Primus inter pares" (als Erster unter Gleichen). Er muss aber alle Handlungen von Bedeutung auf gleicher Ebene – der Setzwaage (Winkelwaage) – mit den Brr. verrichten. Er muss also von seinem Meistersitz herabsteigen, sich an den Altar begeben und hier eine Aufnahme, eine Beförderung oder eine Erhebung vollziehen. Hier hat er Ehrungen auszusprechen. Hier empfängt er seine Abzeichen und seinen Hammer vom einzusetzenden Beamten.

Der MvSt. ist der Lichtbringer. Er zündet – mit Ausnahme der kleinen Lichter „Stärke" und „Schönheit" – alle Lichter an.

Dem Hammerschlag des Meisters sind innerhalb und außerhalb der Loge die gebührende Achtung und der maurerische „Gehorsam" zu leisten.

Die Brr. haben den Meister demokratisch gewählt, nun ist seine Hammerführung nur seinem eigenen Gewissen unterworfen: Er besitzt Autorität, ist aber nicht autoritär.

Tipps für MvSt.

Bei Einladungen zu Arbeiten die genauen Koordinaten (Adresse, Telefon-Nr., usw.) angeben, da auch Brüder anderer Logen teilnehmen können.

Arbeiten pünktlich beginnen, daher verbindliche Zeiten für das Versammeln im Haus und für Beginn der Tempelarbeit angeben.

Kosten für Brudermahl bzw. Tafelloge angeben.

Das Bekleiden von Brr. mit dem Schurz soll vor der Handlung im Ritual vorbereitet werden.

Die Arbeitsteilung zwischen dem MvSt. und dem ZM soll vorher geklärt werden.

Es ist nichts so störend, wie wenn minutenlang ein Schurz anprobiert wird, bis er sitzt!

Korrekte bzw. bessere Ausdrucksweise:

- Geöffnet statt eröffnet: Die Loge wird geöffnet, da sie sich vom Nadir bis zum Zenit ins Unendliche ausdehnt, die Tafelloge und das Brudermahl hingegen werden eröffnet.
- „Zur Ehre des A.B.a.W. ...“ nicht „In Ehrfurcht vor dem A.B.a.W. ...“ (In Deutschland ist ‚in Ehrfurcht vor dem G.B.a.W. rituell vorgegeben)

7.2 Vollkommenheit erstellen

Drei große Lichter: Winkelmaß und Zirkel werden entsprechend dem bearbeiteten Grad auf das Buch des Heiligen Gesetzes (Bibel) gelegt.

Zu diesem Zweck fügt der MvSt. Zirkel und Winkelmaß demonstrativ zusammen (= Vollkommenheit erstellen) und hält sie vor den Kolonnen in die Höhe, um deren Position anzuzeigen.

7.3 „Heilige" Handlungen

Heilige Handlungen werden immer im Stehen und im Ordnungszeichen ausgeführt: z.B.

- Erleuchten der Loge,
- Löschen der Lichter,
- A.B.a.W. ehren („beten"),
- Hochmittag,
- Gelübde, usw.

„Rechtwinklig (≙ Viereck, Winkelmaß) im Sonnenlauf (≙ Kreis, Zirkel)"

Auch wenn eine Handlung nahe am Altar stattfindet und der Platz des Br. nahe beim Altar ist, soll der Br. noch einmal um den Tapis/Arbeitsteppich herum laufen.

Ein Zurückgehen ist nicht gestattet, die Bewegungen der Brr. im Tempel gehen immer vorwärts im Sonnenlauf.

7.4 Aufheben des Silentiums

Beim Silentium darf der Platz in der Regel nicht verlassen werden, aber Gespräche sind erlaubt. Es wird häufig angewandt bei Wechsel des MvSt. oder des Beamtencollegiums.

„Zu spät kommende Brr." (siehe Kap. 8.8)

7.5 Austritt aus dem Tempel

Nach der Initiation, Beförderung und Erhebung wird immer zuerst der „Kandidat" aus dem Tempel geführt, damit ihm alle austretenden Brr. gratulieren können.

Nachdem die Loge durch den MvSt. geschlossen wurde, entfällt das Ordnungszeichen und man führt beim Verlassen des Tempels nur noch eine kleine Verneigung gegen Osten, zwischen den beiden Säulen „Stärke" und „Schönheit" stehend, aus.

7.6 Tafelloge

Die Tafelloge wird in der Regel - entgegen dem Brudermahl - rituell durchgeführt.

Die Verfassung, Statuten oder Instruktionsbücher usw. werden im entsprechenden Grad in der Regel an der Tafelloge abgegeben.

7.7 Erster Vorsteher/Aufseher

Wenn der zugeordnete MvSt. verhindert ist, vertritt der 1. Vorsteher/Aufseher den MvSt. bei dessen Verhinderung.

Der 1. Vorsteher/Aufseher kontrolliert die Kolonnen, ob alle Freimaurer sind. Das entspricht der „inneren" Deckung. Er schlägt die Gesellen zur Meistererhebung vor.

Tipps für den Ersten Vorsteher/Aufseher

Unterstützende Aufgaben vom MvSt. übernehmen und sich um die Angelegenheiten der Gesellen kümmern.

7.8 Zweiter Vorsteher/Aufseher

Der 2. Vorsteher/Aufseher kontrolliert gegen außen, ob die Loge gedeckt ist, das entspricht der „äußeren" Deckung. Er schlägt die Lehrlinge zur Gesellenbeförderung vor.

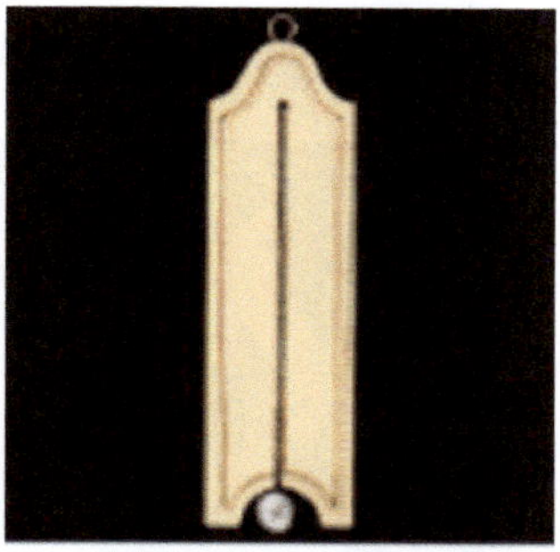

Tipps für den Zweiten Vorsteher/Aufseher

Sich um die Angelegenheiten der Lehrlinge kümmern.

Leitung des Tempelaufbaus durch die Lehrlinge und Gesellen.

7.9 Führungsgriff (beim Suchenden)

Für den Suchenden hat sich folgender Führungsgriff als praktisch erwiesen:

Der Suchende legt seine rechte Hand auf die Herzgegend (das Vertrauenszeichen), der Führende (2. Vorsteher/Aufseher oder Zeremonienmeister) tritt an seine linke Seite, legt ihm den Arm über

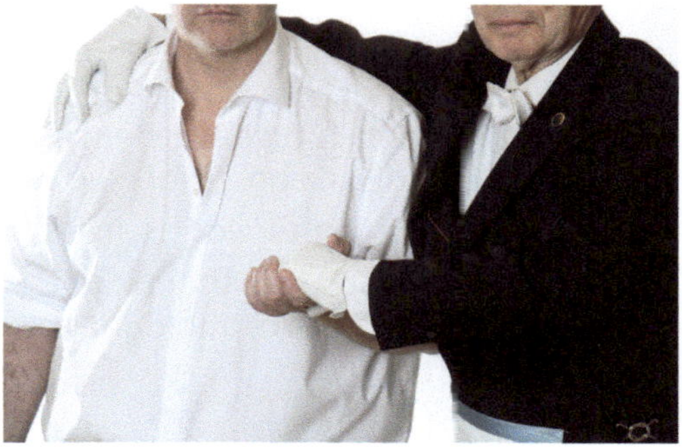

den Rücken und umfasst mit der rechten Hand den rechten Ellbogen des Suchenden.

Die linke Hand des Führenden erfasst die linke Hand des Suchenden. Durch diese Position ist eine sichere Führung in jeder Bewegung möglich.

7.10 Zeremonienmeister (ZM)

Der ZM ist der „Meister der Zeremonie". Er soll das Ritual bis in alle Details genau kennen. Das ist der Grund, warum in vielen französischen Logen der ZM ein Alt-Stuhlmeister sein muss.

Während alle Brr. einschließlich der Beamten im zelebrierten Ritual genaue Wege und Schritte vorgezeichnet finden, kann der sich im Tempel frei bewegen. Er stellt die Verbindung zwischen der profanen Welt und dem „heiligen Raum" im Tempel her.

- Er kontrolliert vor der Durchführung des Rituals alle Ritualgegenstände und Kerzen.
- Er überbringt den Brr. im Vorhof die Grüße des MvSt. und fordert sie auf, ihm in den Tempel zu folgen.
- Er nimmt die Namen inkl. Logen der besuchenden Brr. auf und übergibt sie vor Ritualbeginn dem MvSt.
- Während des Ehrens des A.B.a.W. („Gebet"), nimmt („lüftet") er den Hut vom Kopf. Wenn in deutschen Logen mit „hohem Hut" gearbeitet wird, entblößen alle Brüder während des Gebetes ihr Haupt.
- Er schreitet immer vor dem geführten Br.
- Er nimmt nach erfolgtem Ritual eine Liste auf mit den Namen für die Wortmeldungen beim Brudermahl bzw. bei der Tafelloge.

„Zu spät kommende Brr." (siehe Kap. 8.8)

Tipps für Zeremonienmeister

Neue Kerzen sollen beim Einrichten kurz angezündet werden, da sie dann beim Anzünden schneller und sicher brennen.

Die Brr. im Vorhof über den Grad der Arbeit, das Verhalten im Tempel und Besonderes informieren wie z.B. Passwort, Sonnenlauf, rechtwinkliges Gehen, stehen bleiben oder Platz nehmen, usw.

Die Besucherkarten einsammeln und dem MvSt. aushändigen. Darauf achten, dass sie vollständig und leserlich sind, ggf. nachfragen.

Den besuchenden Brr. den Schritt in der zu besuchenden Loge zeigen.

Den besuchenden Brr. das Zeichen des entsprechenden Grades in Erinnerung rufen.

Die Brr. darauf hinweisen, dass sie die elektronischen Geräte ausschalten, usw.

7.11 Redner

Der Redner ist zusammen mit dem MvSt. der geistige Führer der Loge. Um diese Aufgabe erfüllen zu können, muss er sich sehr ausgiebig mit Ritualistik und Symbolik beschäftigen.

Eine Zeichnung (im Konferenzsaal) soll zum Mitdenken anregen. Die brüderliche Diskussion erscheint in vielen Fällen gleichwertig wie ein Ritualerlebnis. Im Ritual jedoch wird eine Rede (keine Zeichnung bzw. Bauriss) gehalten.

Da das Ritual Priorität besitzt, soll die Rede im Tempel nicht zu lang sein. Sie soll grundsätzlich stehend erfolgen, dies im Gegensatz zum Verlesen eines Ritualtextes als Redner.

In Deutschland heißt der Vortrag im Ritual „Zeichnung". Sie ist immer schriftlich auszuarbeiten und zu verlesen. Freie Rede ist im Tempel verpönt. Am Werk- oder Kolloquiumsabend können alle Vortragsformen und -techniken eingesetzt werden.

Die Unterschiede zwischen Rede und Bauriss/Zeichnung

Art	Dauer (Min.)	Diskussion	Visuelle Unterstützung
Im Ritual: Rede / Zeichnung	ca. 5-7 Minuten	nein	nein
In Konferenzen: Bauriss/ Zeichnung	ca. 20-30 Minuten	ja	ja

Tipp für Redner

Die Themen sind in der Regel frei wählbar. Es ist jedoch sinnvoll auf die entsprechende Art der Tempelarbeit einzugehen (z.B. Aufnahme eines Kandidaten, Beförderung, Erhebung, Erklärung des Tapis/Arbeitsteppich, des Pentagramms, usw.).

7.12 Musikmeister

Der Musikmeister ist verantwortlich für die musikalische Gestaltung der Tempelarbeiten. In vielen Logen ist der Musikmeister auch gleichzeitig zuständig für das Aufhellen und das Verdunkeln des Tempels bzw. der Lichter.

Die Musik soll die gleiche Bedeutung haben wie das Wort. Daher soll zum Ritual stimmige Musik ausgewählt werden.

Die Bedeutung des Musikmeisters für ein gelungenes Ritual wird häufig sträflich unterschätzt. Dabei ist es die Musik und damit sein Beitrag, der die Brüder emotional in die Lage versetzt, die Kraft des Rituals zu spüren. Insofern ist die Arbeit des Musikmeisters von außerordentlich großer Wichtigkeit.

Tipps für Musikmeister

Das Einspielen der Musik und das Aufhellen und Verdunkeln des Tempels müssen immer wieder vor der Durchführung des Rituals geübt werden (vor der Ritualprobe)!

Wenn immer möglich, soll die Musik nicht ausgeblendet werden. Ausnahmen: z.B. beim Almosen einsammeln, beim Eintritt der Brr. in den Tempel und beim Austritt aus dem Tempel.

7.13 Protokollierender Schreiber/Sekretär

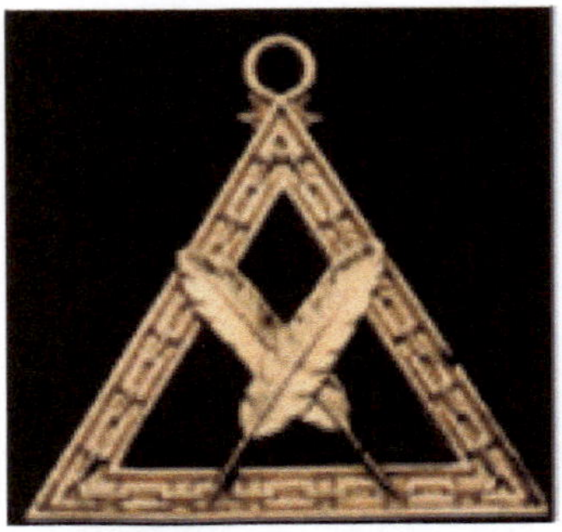

Er schreibt und verliest die Protokolle. Dies gilt sowohl für die Sitzungen des Vorstandes (Beamtenrat) als auch der Mitgliederversammlung.

In manchen Logen ist es üblich, dass auch über Rituale Protokolle geführt werden. Auch hierfür ist der protokollierende Schreiber / Sekretär zuständig.

> ***Tipp für Sekretär***
>
> *In den Ritualen des 1., 2., und 3. Grades soll nur der konkrete Textabschnitt über den Entscheid der Ballotage/Kugelung vorgelesen werden, nicht das ganze Protokoll.*

7.14 Türhüter (= Wachthabender)

Beim Eintreten der Beamten und der Brr. in den Tempel steht der Türhüter mit dem Flammenschwert in der rechten Hand und der Spitze nach oben vor der Tempelpforte.

Die eintretenden Brr. geben ihm unaufgefordert das Passwort.

„Zu spät kommende Brr." (siehe Kap. 8.8)

> ***Tipp für Türhüter / Wachthabender***
>
> *Es ist hilfreich, die eintretenden Brr. aufmerksam zu betrachten und auf Korrekturen der Bekleidung hinzuweisen.*

7.15 Almosenier/Gabenpfleger

Dieser sammelt vor dem Schließen der Loge mit dem Almosenbeutel die Spenden der Brüder (= Gabe) ein. Es ist seine Aufgabe, Vorschläge für die sinnvolle Verteilung der Gaben zu machen. Endgültig festgelegt wird der Empfänger durch den Beamtenrat oder die Mitgliederversammlung.

Das Einsammeln des Almosens ist eine rituelle Handlung, und es widerspricht daher dem Sinn der Ritual-Dramaturgie, wenn das Einsammeln des Almosens nicht im Tempel stattfindet, sondern erst außerhalb oder wenn während des Einsammelns Unruhe im Tempel entsteht.

> ***Tipp für Almosenier / Gabenpfleger***
>
> *Die Brr. wenn möglich vor dem Einsammeln der Gaben informieren, wem das Almosen (die Gabe) zugutekommt. In Deutschland wird dies nach den Ritualvorgaben durch den MvSt. gemacht.*

7.16 Vorbereiter/Vorbereitender Bruder

Er hat die Aufgabe, den Kandidaten zur Aufnahme, zur Beförderung und zur Erhebung in der Kammer des stillen Nachdenkens (=Dunkle Kammer) auf die bevorstehenden Rituale vorzubereiten und ihn zusammen mit dem Paten in den Tempel einzuführen.

7.17 Logenwart/Schaffner

Er ist zuständig für die Logenräume, die Einrichtung des Tempels, Organisation des Brudermahls und alle gastronomischen Fragen. Zudem decken die beiden Schaffner im A.F.u.A.M.-Ritual den Tapis/Arbeitsteppich auf und schließen ihn wieder. Besucht der Großmeister die Loge, bilden sie zusammen mit dem Zeremonienmeister das Ehren-Dreieck.

7.18 Pate/Bürge

Der Pate/Bürge hat während der gesamten Entwicklung des Bruders, aber insbesondere während der Lehrlingszeit, eine sehr wichtige Aufgabe. Geht es doch darum, seinen Schützling (= Neophyten, Mündel) in die Freimaurerei und das Logenleben einzuführen.

Er belehrt ihn auch über das richtige Verhalten im Tempel und im Konferenzraum. Er ist besorgt, dass sein Schützling alle Regeln einhält. Falls notwendig, macht er ihn auf Verfehlungen aufmerksam und erinnert ihn an seine Pflichten.

Der Pate begleitet den Schützling außerhalb der Loge, auf Reisen in andere Logen und beobachtet seine Entwicklung. Auch nimmt er aktiv an der Ausbildung seines Schützlings teil und bemüht sich nach seinen Möglichkeiten, die Fragen zu beantworten.

Er sorgt dafür, dass sein Schützling regelmäßig an den Tempelarbeiten, Konferenzen und Instruktionen teilnimmt. Der Pate verpflichtet sich aber auch, durch sein einwandfreies Verhalten ein gutes Vorbild zu sein, selbst an den Logenarbeiten teilzunehmen, seinen Schützling anzuhören und ihm in allen Lebenslagen beizustehen.

> ***Tipp für Paten***
>
> *Es ist eine nette und brüderliche Geste, als Pate dem neuen Br. bei der Aufnahme ein kleines, persönliches Geschenk zu überreichen.*

7.19 Deputierter Meister

In der Schweiz kommt der Deputierte Meister als Mitglied der Loge und in der Funktion als Vertreter der Schweizerischen Großloge Alpina, insbesondere bei einer Aufnahme eines Kandidaten, zum Einsatz.

Er hat die Pflicht, dem neu aufgenommenen Lehrling die Verfassung der Großloge zu übergeben.

7.20 Für alle Beamten

Handlungen

- Es sollen keine parallelen Handlungen ausgeführt werden, z.B. Lichter anzünden, während ein anderer Beamter die Bibel öffnet usw. Eine Handlung beginnt erst dann, wenn die vorherige beendet ist. Die (wenigen) Ausnahmen sind im Ritualbuch ausdrücklich vermerkt.

- Es gilt das Prinzip: „Entweder Handlung bzw. Aussage oder Bewegung“, aber nicht beides miteinander.
- Ein Beamter ist während dem Ritual auch immer zum Mitdenken aufgefordert im Sinne des Ganzen.

Tipp für alle Beamten

Zur Erinnerung:
Es wird vorausgesetzt, dass sich jeder ritualführende Beamte individuell auf das Ritual vorbereitet, das heißt, dass er das Ritual mehrmals durchliest und für die kritischen Stellen bzw. Übergänge allenfalls einen kleinen, unauffälligen Spickzettel anfertigt.

Dies ist besser, als plötzliche Aussetzer zu haben.

Quizfrage

Angenommen, bei einer Initiation hat der Pate eine Beamtung (z.B. Redner, Vorsteher/Aufseher usw.). Für wen müsste eine Stellvertretung erfolgen, für den Paten oder für die Beamtung? Wohl klar?

Lösung siehe Seite 117

7.21 Beamtenabzeichen / -symbole

Wie viele der verwendeten Symbole und Insignien variieren auch die Beamtenabzeichen je nach Lehrart. Einige Logen verwenden silberne, die meisten Logen goldene Abzeichen. In Beamtenabzeichen der A.F.u.A.M-Logen. liegen die Beamtenzeichen auf einem Dreieck oder einem anderen Symbol.

Exkurs:

Geht die Methodik der Rituale auf Moses zurück?

Moses, der in erster Linie als von Gott Beauftragter gesehen wird und die Israeliten aus der ägyptischen Sklaverei in das kanaanäische Land führte, ist zugleich eine Referenzen an den Lichtbringer.

Methodik der Freimaurer-Rituale (seit 1717)

Text
Symbole
gedeckt

↑

Heraklit von Ephesus (ca. 540-480 v. Chr.)
hat diesen Unterschied trefflich formuliert:

sprechend
andeutend
verbergend

↑

Moses (ca. 1200 v. Chr.)
befolgte in seiner Sprache mit der
dreifachen Bedeutung der hebräischen Texte
die Methode der ägyptischen Priester:

klar und einfach
symbolisch und figürlich
geheiligt und hieroglyphisch

8. Allgemeine Verhaltensregeln für Brüder

Auf diese Verhaltensregeln kann der ZM fallweise im Vorraum hinweisen.

8.1 Eintritt in den Tempel

- Passwort unaufgefordert an Türhüter (Wachthabender) geben
- Nach dem Überschreiten der Tempelpforte Schritt ausführen, dies hat ausschließlich symbolische Bedeutung, da die Loge noch nicht gedeckt ist
- Im Westen zwischen den beiden Aufsehern verneigt sich der Bruder gen Osten. Dies gilt dem Osten als Symbol, nicht dem MvSt.! Deshalb ist es auch nicht nur unnötig, sondern nachgerade falsch, beim Passieren des Meistertisches noch einmal eine Verbeugung vorzunehmen.
- Dann ohne Zeichen und in freien Schritten den Platz einnehmen
- Auf die Sitzordnung achten: Lehrlinge sitzen im Norden, Gesellen im Süden. Neben dem Lehrling und Gesellen nimmt der jeweilige Pate/Bürge Platz. Meister sollen sich möglichst so in Norden und Süden verteilen, dass die Kolonnen gleichmäßig besetzt sind.

„Rechtwinklig im Sonnenlauf"
(siehe Abbildung, Kap. 3.4 und Kap. 5.5)

- Von W über N und O nach S und zurück nach W
- Auch wenn der Platz nahe beim Altar ist oder beim Sitzplatz, soll noch einmal um den Tapis/Arbeitsteppich herum gelaufen werden, der Sonnenlauf geht immer vorwärts.

8.2 Fußstellungen

Die Fußstellungen sind in den verschiedenen Graden unterschiedlich. Im Lehrlings- und Gesellengrad wird der Absatz in die Mitte des anderen Fußes gestellt, so dass die beiden Füße zusammen ein Tau (τ) bilden.

Die Lehrlinge beginnen den Schritt links, die Gesellen rechts. Im Meistergrad bilden die Füße mit den beiden Absätzen einen Winkel von 90°.

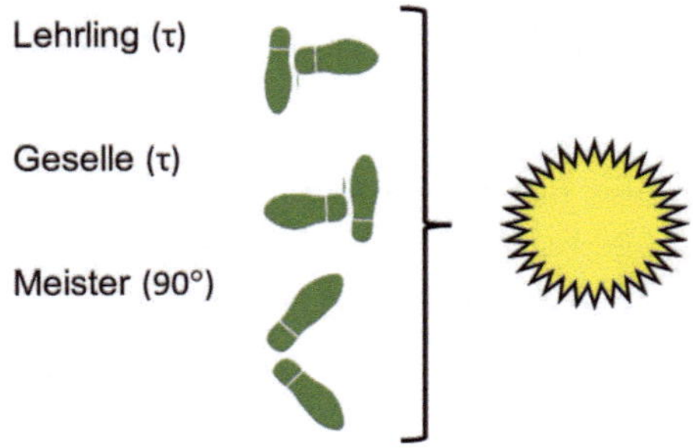

Nach dem Eintritt in den Tempel erfolgen drei Schritte, die je nach Grad unterschiedlich ausgeführt werden. Sie müssen gegen Osten erfolgen.

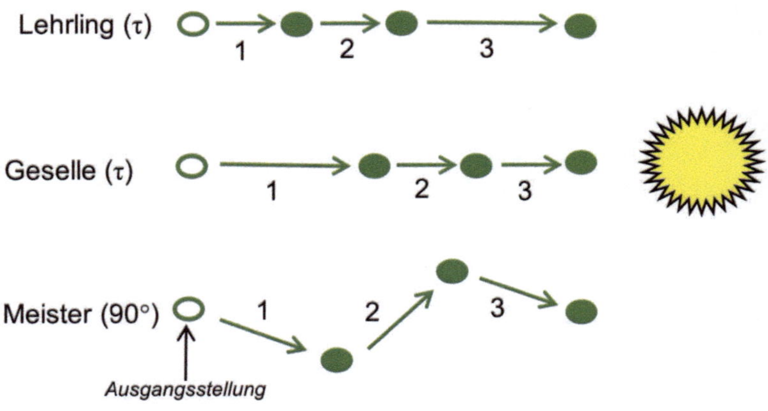

8.3 Sitzen im Tempel

- Aufrechte, konzentrierte Sitzhaltung (Pharaonensitz)
- Keine gestreckten Beine
- Keine gekreuzten Beine
- Keine verschränkten Arme

8.4 Ordnungszeichen

- Erst nachdem die Loge gedeckt und geöffnet ist, wird das Ordnungszeichen (nur stehend) ausgeführt.
- Nachdem die Loge geschlossen ist, wird kein Ordnungszeichen mehr ausgeführt.

8.5 Grußbotschaften

Es ist üblich und auch selbstverständlich, dass man beim Besuch von fremden Logen die Grußbotschaften der eigenen Loge bzw. des MvSt. überbringt. Dazu steht man auf und tritt ins Ordnungszeichen, bis der MvSt. einem das Zeichen erlässt. Es wird von keinem Br. geschätzt, wenn einzelne Brr. diese als kurzen Reden gedachten Grüße sehr langatmig vorbringen.

8.6 Batterie

Eine Batterie (in die Hände klatschen) ist eine Kundgebung der Freude, beispielsweise nach einem Bauriss oder einer Ehrung und erfolgt auf das Zeichen des MvSt. mit dem Aufruf:

„Auf mich, mit dem Zeichen und der Batterie!"

Grundsätzlich erfolgt eine dreifache Batterie im Lehrlingsschlag. Je nach Loge bzw. Ritus und Obödienz erfolgen jedoch die Schläge bei Gesellenlogen im Gesellenschlag und in der Meisterloge im Meisterschlag.

In einigen Logen folgt der eigentlichen Batterie noch ein logeneigener Aufruf, beispielsweise „Vivat" oder „Er lebe!".

In Deutschland wird in den Johannislogen nicht von „Batterie" gesprochen. Der MvSt. ruft die Brüder mit den Worten auf: „Mit Drei mal Drei – auf mich" oder „...auf Maurerart – auf mich"

8.7 Almosen/Gabe

Das Almosen soll bereits im Voraus bereitgehalten werden.

8.8 Verhalten beim „Zu spät kommen"

Es kann vorkommen, dass sich mal ein Br. verspätet. Das Erscheinen wird aber vom MvSt. und den Brr. geschätzt und begrüßt. Es gilt der Grundsatz, dass „ein zu spät kommender Br. niemals stört."

Ein verspäteter Br. soll mit einem leisen Klopfzeichen des entsprechenden Grades anzeigen, dass er um Eintritt bittet. Der Türhüter (Wachthabender) beantwortet es in der gleichen Weise, womit er dem Zuspätkommenden signalisiert, dass er gehört wurde.

Wenn der Türhüter den richtigen Zeitpunkt findet, die Arbeit unterbrechen zu können, schlägt er mit dem Knauf des Flammenschwertes auf den Boden (oder an die Tür) und nach der Aufforderung durch den Meister berichtet er:

„Ehrw. MvSt., man klopft als Br. Lehrling (Geselle, Meister)!"

Der MvSt. beauftragt dann den Türhüter die Tür zu öffnen und den ZM, den Nachzügler an seinen Platz zu geleiten.

Der MvSt. soll den Br. herzlich begrüßen und ihm danken, dass er noch den Weg zur Arbeit gefunden hat.

8.9 Vorzeitiges Verlassen der Tempelarbeit

Muss ein Br. aus irgendeinem Grund eine Tempelarbeit vorzeitig verlassen, so tut er dies möglichst unauffällig.

Er tritt ins Ordnungszeichen und verneigt sich vor dem MvSt. und den beiden Vorstehern/Aufsehern und verlässt den Tempel im Sonnenlauf.

8.10 Austritt aus dem Tempel

Nach dem Schließen der Loge schreiten die Brr. – selbstverständlich ohne Zeichen – zwischen die beiden kleinen Lichter „Stärke" und „Schönheit". Dort verneigen sie sich gegen Osten und verlassen den Tempel in freien Schritten.

In Deutschland ist dies nicht üblich. Zudem verhindern die räumlichen Bedingungen mitunter diesen Schritt.

9. Was man im Ritual tun soll und was nicht

9.1 Um nicht dogmatisch, aber doch korrekt zu sein, sollten zwei Stufen unterschieden werden:

Zwingend bzw. korrekte maurerische Lehrart:

- Passwort dem Türhüter unaufgefordert mitteilen
- Drei symbolische Schritte im entsprechenden Grad beim Eintritt in den Tempel
- Rechtwinklig im Sonnenlauf um Tapis/Arbeitsteppich und Altar herumgehen
- Der MvSt. als Lichtbringer zündet alle Lichter an (Ausnahme kleine Lichter 'Stärke' und 'Schönheit')
- Öffnung der Loge erst nach äußerer und innerer Deckung
- Ordnungszeichen erst nach vollständiger Deckung bis Schließung der Loge
- Die Loge wird geöffnet, nicht eröffnet
- Heilige Handlungen im Ordnungszeichen
- Separaten Zirkel verwenden für die Weihe-(Aufnahme-) handlungen
- Die drei unterschiedlichen Fußstellungen (τ, τ, 90°)
- Im Orient:
  - 1°: Dreieck / Allsehendes Auge
  - 2°: Pentagramm
  - 3°: Hexagramm

Wird unterschiedlich gehandhabt (Toleranz!):

- Die mittlere Kerze (= Urlicht) am 3-armigen Leuchter brennt bei Eintritt und Austritt
- Der Mond im Orient kann ab- oder zunehmend sein
- Gehen im Zeichen nach Deckung bis Schließung der Loge (statt nur im Stehen) (In Deutschland nur im „Orden" üblich)
- Nicht-Zudecken des Tapis/Arbeitsteppich
- Im Gesellenritual kann entweder der linke oder der rechte Schenkel des Zirkels über dem Winkelmaß liegen (Im

A.F.u.A.M.-Ritual ist der rechte Schenkel vorgegeben)

- Austritt der Beamten und der Kolonnen in unterschiedlicher Reihenfolge
- In Trauerloge: entgegen dem Sonnenlauf um den Tapis/ Arbeitsteppich schreiten
- Alle Batterien werden im Lehrlings- oder Meisterrhythmus ausgeführt

9.2 Korrektes Verhalten von Beamten und Brüdern (z.T. bewusste Wiederholungen)

Der MvSt. fordert die Brr. grundsätzlich nur bei „heiligen" Handlungen „zur Ordnung" auf (Anzünden der Lichter, Verlesen des Gelübdes, Anrufen A.B.a.W., bei der Initiation, Beförderung und Erhebung eines Bruders, bei der Batterie, usw.)

- Der MvSt. fordert von den Brr. das Zeichen „in Ordnung" nur im Stehen und nicht im Sitzen (und Gehen).
- Der MvSt. zeigt während der Installation des Heiligen Raumes das Winkelmaß mit Öffnung nach oben und den Zirkel mit Öffnung nach unten.
- Der MvSt. legt im Lehrlingsgrad den Zirkel unter das Winkelmaß auf das Buch der Heiligen Gesetze.
- Der MvSt. legt im Gesellengrad den Zirkel mit dem rechten Schenkel über das Winkelmaß auf das Buch der Heiligen Gesetze.
- Der MvSt. legt im Meistergrad den Zirkel über das Winkelmaß auf das Buch der Heiligen Gesetze.
- Der MvSt. zündet nach dem Anzünden der mittleren Kerze (=Urlicht) auf dem Altar zuerst die rechte (im S) und dann die linke (im N) Kerze an. In Deutschland werden alle Lichter auf dem Meistertisch entzündet, bevor die Beamten eintreten, Reihenfolge: Südost, Südwest, Nordost
- Die Vorsteher/Aufseher gehen nach der äußeren und inneren Deckung im Sonnenlauf zum Altar für den Empfang ihrer Lichter. Im A.F.u.A.M.-Ritual geschieht dies vor Eintritt der Brüder in den Tempel. Die Aufseher werden zudem begleitet durch die Brr. Sekretär und Redner.

- Der ZM nimmt („lüftet") den Hut vom Kopf beim Gebet (A.B.a.W.). In Deutschland gilt dies für alle Brüder, wenn die Loge mit „hohem Hut" arbeitet.
- Der ZM schreitet immer vor dem geführten Br., nicht hinter ihm.
- Der Musikmeister blendet die Musik möglichst nicht aus, sondern wählt entsprechend kurze Stücke (evtl. Ausnahmen beim Eintritt der Brüder oder beim Einsammeln des Almosens oder beim Bearbeiten des rauen Steins).
- Die Beamten nehmen nicht gleichzeitig zwei Handlungen vor, z.B. Anzünden der kleinen Lichter und aufschlagen der Bibel durch einen anderen Beamten. Es gilt das Prinzip von „Wort oder Handlung bzw. Bewegung".
- Das Ordnungszeichen wird von Beamten und Brüdern nur während der gedeckten (und geöffneten) Loge ausgeführt.

Im Vorraum

- ZM regelt im Voraus die Sitzordnung für besuchende Brr., Würdenträger, usw.
- ZM instruiert die Brr. (Grad der Arbeit, Zeichen, Schritt, Almosen, Handy, usw.)
- ZM kontrolliert Bekleidung der Brr.
- Der Türhüter/Wachthabender hält das Flammenschwert in der rechten Hand mit der Spitze nach oben.
- Brr. geben dem Türhüter das Passwort unaufgefordert vor dem Eintritt in den Tempel

Eintritt in den Tempel

- Grundsätzlich führt jeder besuchende Br. die Schritte so aus, wie er sie in der eigenen Loge ausführt. Sollte aber der ZM im Vorraum den auszuführenden Schritt bekanntgeben, so soll er auch so ausgeführt werden, wie er instruiert wurde.
- Brr. führen die Schritte im Zeichen des entsprechenden Grades aus (letzteres wird in Deutschland nicht gemacht) und gehen danach ohne Zeichen und in freien Schritten

an ihren Platz (bleiben stehen oder nehmen Platz).

- Die Schritte haben beim Eintritt ausschließlich symbolischen Charakter, da die Loge noch nicht gedeckt ist.

Während der Tempelarbeit

Brr. und Beamte unterlassen Ges*präche, auch Flüstern*

Beamte teilen Wortmeldungen beim Handschlag z.B. bei Einsetzungen, Ehrungen den Brr. in üblicher Lautstärke mit, nicht flüsternd

Nach Schließung der Loge

- Brr. gehen ohne Zeichen und in freien Schritten bis zu den beiden kleinen Lichtern Stärke (SW) und Schönheit (NW) und verneigen sich kurz ohne Zeichen (da Loge geschlossen ist) gegen Osten
- Der Austritt aus dem Tempel kann in den unterschiedlichsten Reihenfolgen erfolgen, häufig in der Reihenfolge Brr. aus dem Orient, dann aus der Mitternachtskolonne und zuletzt aus der Mittagskolonne.

Novalis' Reise zur Erkenntnis

(1. Strophe)

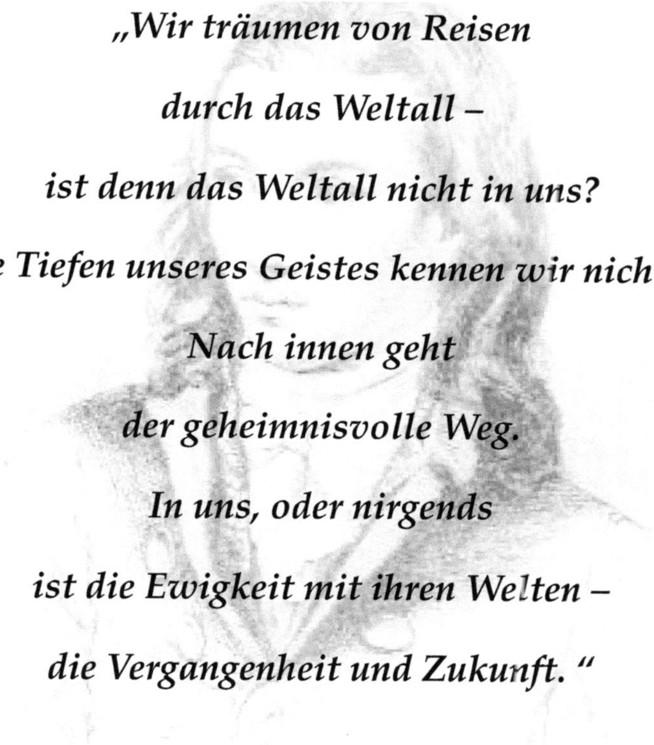

„Wir träumen von Reisen

durch das Weltall –

ist denn das Weltall nicht in uns?

Die Tiefen unseres Geistes kennen wir nicht –

Nach innen geht

der geheimnisvolle Weg.

In uns, oder nirgends

ist die Ewigkeit mit ihren Welten –

die Vergangenheit und Zukunft. "

Novalis (1772-1801)

eigentlich Georg Philipp Friedrich von Hardenberg,
deutscher Schriftsteller

10. Nachwort und Aufforderung

Regelmäßige Instruktionen und Ritualproben vor der Durchführung des Rituals sind unabdingbar und eine gute Voraussetzung, damit die Rituale würdig und zum Wohlgefallen der Brr. durchgeführt werden können.

Jede noch so kleine Störung lenkt die Brr. im Ritual vom „Mitgehen" mit dem Ritual ab. Andererseits erfüllen würdig ausgeführte Rituale die Erwartungen der Brr. und führen bei ihnen zu den gewünschten spirituellen Effekten (z.B. „Einswerden mit dem A.B.a.W.", unio mystica).

Ich habe die vorliegende Instruktion auf der Basis der m.E. wichtigen Freimaurer-Literatur erarbeitet. Ich habe auch bedeutende Themen – insbesondere in den Kapiteln 8 und 9 – wiederholt, dies aus dem einfachen Grund, weil viele Brr. diese Instruktion nicht wie einen Roman durchlesen werden, sondern es als Nachschlagewerk benutzen.

Die Instruktion soll alle Meister und Beamten in ihrer Arbeit unterstützen und Denkanstöße liefern. Ich weiß jedoch nicht, ob ich die Dramaturgie des FM-Rituals vollständig verstanden und alles richtig interpretiert habe.

Ich bemühte mich aber darum.

Ich möchte daher Brr. bitten, Verbesserungsvorschläge zu machen und mir offensichtliche Mängel mitzuteilen.

Dieses Buch darf angesichts der unzähligen Riten und Rituale nicht dogmatisch ausgelegt werden, sondern soll innerhalb des Toleranzgedankens angewendet werden.

Es erfüllt hoffentlich das Ziel, die Qualität und das Verständnis der Rituale zu verbessern.

Br. Hans Fischer

11. Verwendete Quellen

Literatur

- Alte Pflichten von 1723: Die Bauhütte Bonn, 39 S., 1998, ISBN 3-930139-00-6
- Imhof Gottlieb: Kleine Werklehre der Freimaurerei, 1. Das Buch des Lehrlings, Verlag SGLA Alpina, 160 S., 1983
- Forschungsgruppe Alpina: Das Buch des Lehrlings, Einführung in die Werklehre ersten Grades, Verlag SGLA Alpina, 54 S, 2008
- Imhof Gottlieb: Kleine Werklehre der Freimaurerei, 2. Das Buch des Gesellen, Verlag GLA Alpina,155 S., 1983
- Forschungsgruppe Alpina: Das Buch des Gesellen, Kommentierte Werklehre im zweiten Grad, Schweizerischen Großloge Alpina (SGLA), 43 S., 2008
- Imhof Gottlieb: Kleine Werklehre der Freimaurerei, 3. Das Buch des Meisters, Verlag SGLA Alpina, 137 S., 1983
- Forschungsgruppe Alpina: Das Buch des Meisters, Kommentierte Werklehre im dritten Grad, Verlag SGLA Alpina, 44 S., 2010
- Schweizerische Großloge Alpina: Leitfaden für den Paten, Lausanne, 1993
- Hochreutener Erich & Fischer Hans: Maurerische Umgangsformen, «Freimaurer-Knigge», FM-Shop, Bernhardzell, 2018
- Burkert Walter: Kulte des Altertums: Biologische Grundlagen der Religion, C.H. Beck, München, 2009, 271 S., ISBN 978-3-406-43355-9
- Endres, Franz Carl: Die Symbole des Freimaurers, Bauhütten-Verlag, Hamburg, 1977, ISBN 10:3870501251 (vergriffen)
- Fortune, Dion: Die mystische Kabbala, Aurinia Verlag, Hamburg, 4. Auflage, 304 Seiten, ISBN 978-3-95659-017-7
- Höhmann Hans-Hermann: Das Ritual in der Humanistischen Freimaurerei. Funktion, Struktur, Praxis, Salier Verlag, Leipzig, 112 S., 2016, ISBN 978-3-943539-42-4
- Lehner Alfried: Die Esoterik der Freimaurer, Giovanni Grippo Verlag, Oberursel, 151 S., 2013, 5. Auflage, ISBN 978-3-942187-12-1

- Lehner Alfried: Das wunderbare Wissen vom Wesen der Welt - Eine Ritualkunde für Freimaurer-Meister, Die Bauhütte, Bonn, 215 S., 1993, ISBN 3-94218-721-3 (vergriffen)
- Nestler Julius: Die Kabbala von Papus, marixverlag, Wiesbaden, 2011, 446 S. ISBN 978.3-937715-61-2
- Papus (Dr. Gérard Anaclet-Vincent Encausse): La Cabale, 1900 (vergriffen)
- Scherpe Wolfgang: Das Unbekannte im Ritual, Eigenverlag Dr. W. Scherpe, 477 S., 1978; Neuauflage 2021, Salier Verlag, Leipzig, 568 S.
- Snoek Jan A.M.: Einführung in die westliche Esoterik, für Freimaurer - Freimaurerloge Modestia cum Libertate im Orient von Zürich, 271 S., 2011
- Messerli Alfred: Der Stein des Freimaurers, ALPINA, Schweizer Freimaurer-Rundschau, 1/2003, S. 14-17.
- Nevermann Hans: Maurerische Symbole im alten China. In: Forschungsloge Quatuor Coronati, Jahrbuch 1977, Nr. 14 Handschrift für Brr. Freimaurer.
- Wolfensberger Willi: Die Lehre von der Entwicklung der Einzelpersönlichkeit und die freimaurerische Aufnahme, Die „Blaue Reihe“, Heft Nr. 30, Bauhüttenverlag GmbH, Münster
- Fischer Hans: Schau in Dich – Instruktion für Lehrlinge, DAMCA Verlag, 2. Aufl. 2023, 110 S., ISBN 978-3-91085-304-1
- Fischer Hans: Schau um Dich – Instruktion für Gesellen, DAMCA Verlag, 2. Aufl. 2023, 102 S., ISBN 978-3-91085-302-7
- Fischer Hans: Schau über Dich – Instruktion für Meister, DAMCA Verlag, 2. Aufl. 2023, 130 S., ISBN 978-3-91085-306-5
- Fischer Hans: Die Alchemie – Ihre Bedeutung für die Freimaurerei, DAMCA Verlag, erscheint 2024
- Dethlefsen Thorwald: Selbsterkenntnis - Der Weg zur Bewusstwerdung, 2015, Aurinia-Verlag, 64 S., ISBN 978-3-95659-531-8

Internet-Quellen

- www.freimaurerei.de
  Großloge der Alten Freien und Angenommenen Maurer von Deutschland, A.F.u.A.M.v.D.
- www.freimaurer.org
  Vereinigte Großloge von Deutschland, VGLvD
- www.freimaurerei.ch
  Schweizerische Großloge Alpina, SGLA
- www.freimaurerei.at
  Großloge von Österreich
- www.freimaurer-wiki.de
  Online Enzyklopädie
- www.internetloge.de
  Online Kompendium
- www.muellerscience.com
  Online Kompendium

Lösung der Quizfrage von S. 98

Es ist für die Beamtung eine Stellvertretung zu bestimmen. Die Patenfunktion hat Vorrang.

Der Autor

Br. Hans Fischer ist Mitglied der Loge St. Johann am Rhein i. Or. v. Schaffhausen. Er ist Alt-MvSt. und war Mitglied des Großbeamtenkollegiums der Schweizerischen Großloge Alpina. Er war Großprior und Nationaler Großmeister des Großpriorates von Helvetien des Rektifizierten Schottischen Ritus.

Hans Fischer (Dr. sc. nat. ETH, Ingenieur, Naturwissenschaftler, Unternehmer) ist Verfasser der drei Instruktionsbücher 'Schau in Dich' (für Brr. Lehrling), 'Schau um Dich' (für Brr. Gesellen) und 'Schau über Dich' (für Brr. Meister. Alle Bücher sind erschienen im DAMCA-Verlag.

Zudem ist er Autor von mehreren Ritualen und vielen im Schweizerischen Freimaurermagazin Alpina publizierten Baurissen. Ein weiteres lesenswertes Buch des Autors mit maurerischem Hintergrund ist „Lea, die kleine Philosophin" (ISBN 978-3-8423-8612-9), geschrieben für Menschen, denen Menschenliebe und Respekt vor der natürlichen Umwelt am Herzen liegen und die bereit sind, entsprechend zu handeln.

Vom gleichen Autor

Hans Fischer

Schau in Dich
Instruktion für Freimaurerlehrlinge

3. überarbeitete
und ergänzte Auflage, 2025

112 Seiten
mit vielen farbigen
Abbildungen

Buch: ISBN 978-3-910853-04-1
eBook: ISBN 978-3-910853-05-8

Von Anfang an Freimaurerei richtig verstehen! Der Autor Hans Fischer, langjähriger Freimaurer. Altstuhlmeister und ehemaliges Mitglied des Grossbeamtenkollegiums der Schweizerischen Grossloge Alpina, legt mit diesem Standardwerk in zweiter Auflage das erste von drei Instruktionsbüchern vor, die dem jungen Bruder eine Basisausrüstung für seinen freimaurerischen Weg geben möchten.

In zeitgemässer Aufmachung und unterlegt mit vielen visuellen Eindrücken werden dem Freimaurerlehrling alle notwendigen Kenntnisse über Symbolik, Inhalte sowie das richtige Verhalten im Ritual und in der Loge nähergebracht.

Ergänzt werden diese Inhalte durch kurze Exkurse über die heutige Situation der Freimaurerei und der Zahlensymbolik.

im DAMCA-Verlag

Hans Fischer

Schau um Dich
Instruktion für Freimaurergesellen

3. überarbeitete
und ergänzte Auflage, 2025

104 Seiten
mit vielen farbigen Abbildungen

Buch: ISBN 978-3-910853-02-7
eBook: ISBNB 978-3-910853-03-4

Der Gesellengrad wird in der Freimaurerei oft als ein Übergangsgrad zwischen der Aufnahme in den Bund und dem Grad des Meisters gesehen. Leider beschäftigen sich daher viele Freimaurer nur bedingt mit seinen Inhalten. Tatsächlich aber entspricht diese zweite Initiationsstufe dem längsten Teil des irdischen Lebens.

Der Gesellengrad beinhaltet die vielleicht wichtigsten freimaurerischen Lehren in Bezug auf die moralischen und praktischen Wertevorstellungen. Der Geselle begibt sich auf die Wanderschaft durch das Leben. Er erkundet die Welt und erlangt dabei viele neue Erkenntnisse.

Mit seinem zweiten Buch legt Hans Fischer ein weiteres Standardwerk für die in den Logen üblichen Instruktionen vor. Neben einer umfassenden Erklärung der einzelnen Symbole geht der Autor auf Besonderheiten in verschiedenen freimaurerischen Systemen ein, sodass auch langjährige Freimaurer hier viele neue Informationen finden können.

Vom gleichen Autor

Hans Fischer

Schau über Dich
Instruktion für Freimaurermeister

3. überarbeitete
und ergänzte Auflage, 2025

130 Seiten
mit vielen farbigen Abbildungen

Buch: ISBN 978-3-910853-04-1
eBook: ISBN 978-3-910853-05-8

Der Meister, so heisst es in der Freimaurerei, soll dem Tod gelassen und ohne Furcht entgegenblicken. Was ist die tiefere Bedeutung dieser Aussage? Welche Jahrhunderte alte Lehre wird in den freimaurerischen Ritualen sichtbar? Wie kann eine gelassene Lebenshaltung von Freimaurern richtig „erarbeitet" werden»?

Hans Fischer gibt nicht nur fundierte Antworten auf diese Fragen, sondern zeigt zudem auch die rationalen und spirituellen Hintergründe des rituellen Geschehens in kompakter Form auf. Der Autor richtet seinen Blich auf verschiedene Lehrarten der Königlichen Kunst und vermittelt auf diese Weise auch dem altgedienten Bruder neue Einblick

Ganz besonderen Wert gewinnt das Buch durch einen Diktionär freimaurerischer Ausdrücke in vier Sprachen (Deutsch, Englisch, Französisch, Spanisch) mit knapp 600 Stichwörtern.

Suchende begeistern

Walter Plassmann

Freimaurer werden!

Informationen für Interessierte

2023, 53 Seiten
farbig illustriert

ISBN: 978-3-910853-08-9

„Freimaurer werden!" ist eine unentbehrliche Informationsquelle für alle, die sich für die Freimaurerei interessieren. Anschaulich, umfassend und aus die Sicht eines „Suchenden" geschrieben, findet sich alles, was man wissen muß, um sich eine erste Orientierung zu verschaffen.

Wie finde ich die passende Loge? Was erwartet mich in einer Loge? Warum gibt es keine „Probemitgliedschaft"? Diese und weitere Fragen werden beantwortet, eine Linkliste hilft bei der weiteren Recherche.

Die Informationen sind Logen- und Lehrarten-übergreifend zusammengestellt und eignen sich hervorragend als Geschenk für Besucher von Gästeabenden.

Das besondere Angebot:

Das Buch läßt sich für eine Loge individualisieren. Titel, Vorwort, eigenes Kapitel über die Loge machen das Buch zu einem persönlichen Geschenk der Loge.

Informationen anfordern unter: info@damca.de

Der Roman über Dinge des Lebens

Walter Plassmann

Das Licht liebt dich

3. Auflage, 2025
256 Seiten

ISBN 978-3-910853-00-3

Magie? In der heutigen Zeit? Für Thomas ist das kein Widerspruch. Aber als er seine magischen Fähigkeiten einsetzt, um seine nach einem schweren Autounfall von den Ärzten bereits aufgegebene Frau in das Leben zurückzuholen, scheint er Grenzen zu überschreiten. Es beginnt ein heftiger Lernprozeß.

„Das Licht liebt dich" erzählt vom Tod und vom Leben, von Magie und Mystik, von Freundschaft und Auseinandersetzungen. Es gewährt Einblicke in die Welt der Freimaurer und stellt ein mystisches Ritual vor. Und es erzählt vom „Dritten Testament" - göttlichen Durchgaben, die seit 100 Jahren darauf warten, entdeckt zu werden.

Walter Plassmann erzählt fesselnd und emotional, lakonisch und mit Augenzwinkern. Er entführt in eine Welt, deren Geheimnisse zum „wahren Leben" führen können.

Der Roman zur Pandemie

Walter Plassmann

Viral
Das sechste Siegel

2025
254 Seiten

ISBN 978-3-910853-11-9

Ein Chefarzt kämpft um seine ärztliche Unabhängigkeit. Eine Gruppe einflußreicher Virologen sucht die Situation zu nutzen. Ein Gastronom sucht die Lücke. Und Brigitte fragt sich, ob das Virus nicht unvermeidlich war – aus Gründen, nach denen die Wissenschaft nicht sucht.

Die Pandemie zwingt allen Menschen Grenzerfahrungen auf und zeigt ihnen ihr wahres Gesicht. Die einen spielen skrupellos ihre neue Macht aus, die anderen verzweifeln – still oder laut.

Walter Plassmann blickt zurück auf diese Zeit, in der uns ein Spiegel vorgehalten wurde, in den nicht jeder hineinschauen wollte. Plassmann weiß, wovon er schreibt: In Pandemie-Zeiten war er verantwortlich unter anderem für die Organisation von großen Test- und Impfzentren.

Ein packender Roman voller Emotionen. Er deckt auf, er stellt Fragen, die bis heute nicht gerne gehört werden. Und er hat eine überraschende Antwort parat.